君峰逸志

[韩] 朴湧在 著

中央民族大学出版社
China Minzu University Press

图书在版编目（CIP）数据

焘峰逸志/（韩）朴湧在著；（韩）朴兑浚译．—北京：中央民族大学出版社，2011.10

ISBN 978-7-5660-0060-6

Ⅰ.①焘… Ⅱ.①朴… ②朴… Ⅲ.①朴湧在（1927~1987）—自传 Ⅳ.①K831.265.3

中国版本图书馆 CIP 数据核字（2011）第 197150 号

焘 峰 逸 志

作　　者	朴湧在
翻　　译	朴兑浚
责任编辑	红梅
封面设计	严彦
出 版 者	中央民族大学出版社
	北京市海淀区中关村南大街 27 号　邮编：100081
	电话：68472815（发行部）传真：68932751（发行部）
	68932218（总编室）　　68932447（办公室）
发 行 者	全国各地新华书店
印 刷 厂	北京宏伟双华印刷有限公司
开　　本	787×960（毫米） 1/16　印张：15
字　　数	190 千字
版　　次	2011 年 10 月第 1 版　2011 年 10 月第 1 次印刷
书　　号	ISBN 978-7-5660-0060-6
定　　价	68.00 元

版权所有　翻印必究

35岁时的焄峰朴湧在

家庭照片：从后排左手起顺时针方向依次为焄峰、妻子、女儿善、小儿子钉儿、勋儿

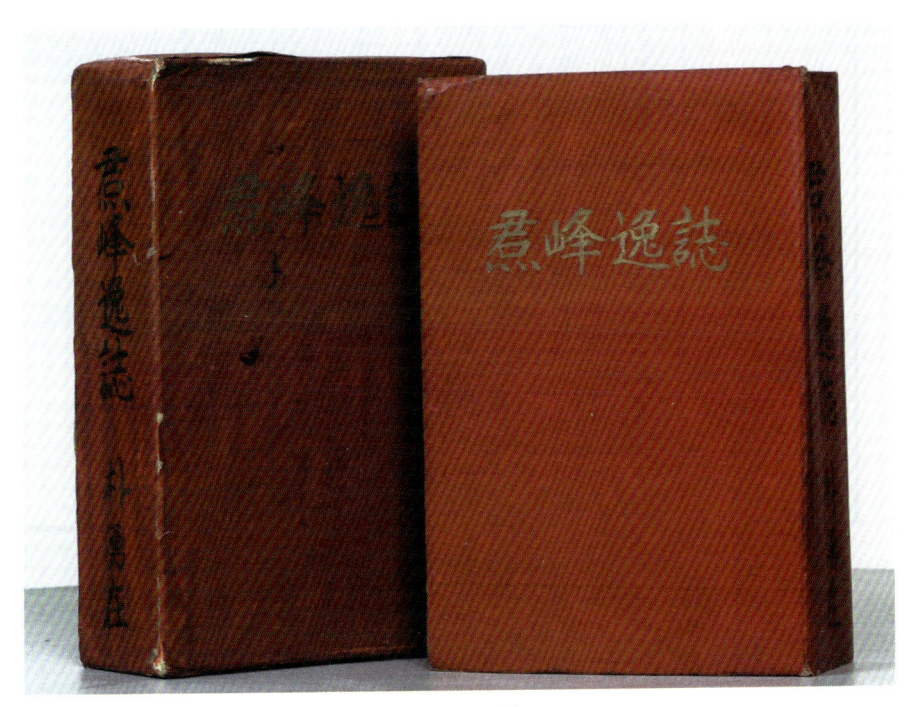

《焄峰逸志》原本

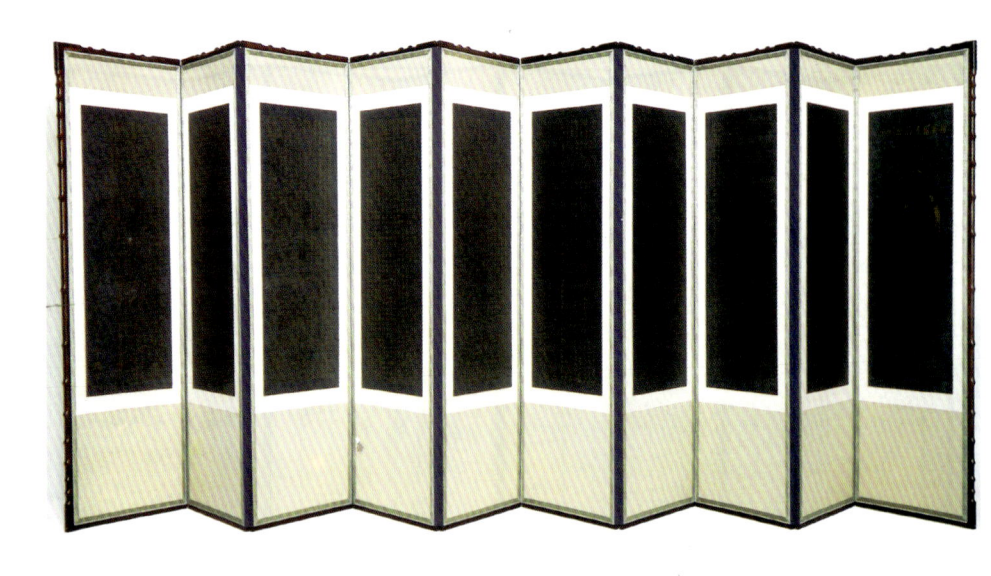

焘峰书法作品〈金刚经〉（上）和观音菩萨像画作，部分内容（下）

《煹峰逸志》：煹峰自传

当我读完这本书时，脑海中浮现的是一棵紫藤树，美丽的紫色花儿从树上垂下，绿色洒满学校的角落。尽管紫藤树历经扭曲的时代，但从未停止过为民众带来树荫。同样地，尽管煹峰历经束缚和奴役的时代，历经日本帝国主义专制统治和朝鲜战争，但也持续不断地为后代提供舒适的庇护。于是，可以毫不夸张地说，《煹峰逸志》不仅仅是一本个人自传或家族史，更是一本认真记录我们国家部分历史的伟大著作。

当我阅读这本自传时，我再次感受到了家庭的价值，有时为我的父母流下悔过之泪。甚至曾有一度，在午餐时间，我无法一直拿住勺子，因为我的脑海里充斥着书中第三章满怀热情描写的各种情形和景象。

这些记录比小说更具小说特性，比史书更具历史性。作者曾经是朝鲜游击队员，参与出版杂志《游击队员》。在经历重重苦难与贫困后，他得以幸存，最终投降，开始与防暴警察一起工作。这些记录，作为本书的特色，生动形象，逼真程度超乎任何人的想象。

关于我们历史的某些部分，老师曾经教导我们"要谅解，但永远不要忘记"。本书也很好地贯穿了这一理念。此外，煹峰还恰当地引用了一句格言"昔日的敌人是今日的朋友"。

当我掩卷沉思时，我回想起俄罗斯伟大作家托尔斯泰所著小说《战争与和平》的最后一部分。这本小说刻画的真正和平，相似于小孩在房中自由聊天和玩耍的情形。如果说俄罗斯文学有《战争与和平》，那么韩国文学就有《太白山》，我敢说，《焄峰逸志》会成为韩国自传的缩影。

这本自传已由焄峰的几个孙子翻译为英文和中文，因此，变得更加有意义，世界上很多人都能阅读。我诚挚地希望，我们将有机会通过这些记录来再次反思我们的历史，全世界人民将会在多次反复后认清真实的事实。

崔东永
韩国国民议会成员
韩国统一部前部长
韩国民主党前主席
2011 年 10 月

怀念我慈祥的父亲

一个人的一生中充满梦想，也会遭遇各种无情的现实。

人有了梦想，才能享受生活的乐趣。而且正视现实，才能感受到生命的意义。

有意义的地方就会有精彩的人生。

一个人从来到这个世界的那一天起，直到离开这个世界的那一天，会有许多梦想，也会经历丰富的现实生活。不过，无论是你的直接经验还是间接经验，而且你做的事情多么有意义、多么自豪，还是多么羞耻、不可告人，都会随着时间的流逝，从你的脑海中渐渐消失。

因此，有些人为避免忘却重要经验，又想给自己子孙们传递有用的信息，记录自己所经历的重要事情，而有些人则出于历史使命感的使然，记录下自己所经历的有意义的事。

留下这些记录的时候，可以利用现今高度发达的电脑信息技术来做系统的整理工作，但我想自己亲自动手写在纸片上的方法，更为浪漫，别有情趣。

要想写一篇长长的文章，需要具备一定的写作能力，也需要你拥有较强的毅力，富有使命感。而且需要有诚实而正直的一颗心，以便从容应对世人对你指手画脚。

我的父亲并非是社会名流。

他只不过为自己的孩子们的将来，以令人叹服的毅力写下了自己在世时所经历的点点滴滴。其中有梦想，也充满生活的酸甜苦辣。这是一部人生独白，也是对那个苦难年代的呐喊。

父亲出生于日本人统治韩国的时候。

他活在不幸的年代，虽然尝到过解放带来的短暂快乐，但也经历了亲日派和民族主义的冲突，左倾和右倾思想的冲突，最终混乱的局势延续到"6·25"战争的暴发。接着，迎来二十世纪六七十年代民族振兴期，但人们同时深受独裁政府和民主运动带来的痛苦。

父亲几乎经历了所有各个不幸的年代，可以想象得到他所经历的风霜和苦楚。

父亲所写的这部自传既是对过去的无声反抗，也告诉我们，只有得出正确的判断，才能建立正确的人生价值观。

英国诗人雪莱的诗篇里就有这样一句话，"冬天来了，春天还能远吗……"可父亲完成这部作品，未等春天的来临，就撒手人间。

小的时候，算我们不懂事，长大后，我们又可以狡辩父亲走的太早，总之我也是一个罪人。

我深刻反省自己的错误，也为缅怀父亲给我们的慈祥的爱，今天才出版了这部作品。

借此机会，谨向和《焄峰逸志》结缘，并热情鼓励我出书的金昌万会长，以及为出书给予鼎力相助的人们表示衷心感谢。

幼子　朴钉

1999年2月

我怀念的山峰——爷爷焄峰

焄峰是我爷爷的字号。"焄"意即香,"峰"为山峰,指香气萦绕的山峰。为何爷爷给自己起了这样的字号呢?答案就在这部自传中。

小时候我常抱怨爷爷。和其他小孩一样,我也很想跟自己的爷爷撒娇,有问题求他帮忙,和他聊天,但爷爷没等我出生,就过早地去世了。因而我不能跟爷爷撒娇,无从谈起从爷爷那里得到零花钱来花。于是父亲跟我们说似懂非懂的话,说是因为爷爷把自己的位置让给了哥哥和我,所以我们才能来到这个世界。

以前我从未弄明白父亲说的是什么意思,可仔细阅读这本书以后,才渐渐明白大致的意思。而且,对爷爷的了解进一步加深,也对他老人家充满敬意。

每次我们去祭奠祖父时,大爷将爷爷亲笔书写的屏风摆放在祭祀桌旁边,常和我们讲些焄峰逸志这本书里面的故事。当时,我们对爷爷的人生确实没有深入了解。

爷爷爱自己的家庭和兄弟,自由和母语。

爷爷生在苦难的年代,经历人生百态和生死关头,最后给我们留下了这部自传。

我读《三国演义》以后,了解到书中许多匹夫的人生经历,领悟到那些人聚在一起谱写了历史。

再和《焄峰逸志》对比以后，爷爷使我切身体会到某位历史学家曾经讲的"历史是过去和现在的对白"这一句话的真正含义。

《焄峰逸志》一书是我的祖父焄峰朴湧在以1925年到1985年间的个人史为主呕心沥血编写的自传。书中包括，爷爷年轻时代自由芬芳的、浪漫的故事，以及生死紧要关头令人捏一把汗的故事。令人眼前一片漆黑的情景和栩栩如生的韩国史，像幽灵一样常常萦绕在我的梦中。我敢说，在我所看过的让人感动万分的书籍中，属这本书最有趣。

看到汉浚哥编译的英文版后，我备受鼓舞，恳求父亲，允许我动用自己的全部汉字实力出版汉语版。

希望读者朋友们通过这本书能更加了解大韩民国。

将此书献给包括爷爷一辈在内的所有大韩民国国民。

孙子　朴兑浚
2011年9月

君峰逸志

自　序

一直以来，我固执己见，曾否定、嘲笑过耶稣的预言和儒教中类似天命思想的命运学说。说是泛神学理论支配了我的一生，这一点也不过。

和太阳系的运转、自然万物的变迁、禽兽鱼虫的生死比较起来，细看一个人的人生过程也只不过是一个栖息时段而已，可无法否定在这短暂的人生道路上充满喜怒哀乐和荣枯盛衰的事实。

我的经历虽已成过眼烟云无情流逝，我也像瓮中之鳖，像石佛一样无处喊冤，迟早也会离开这个世界，但我要在这里记录下我在奇特的年代出生后所经历的充满不幸、崎岖及富有戏剧性的人生。如果我的子孙们传阅下去，以后对他们在漫长的人生道路上有所借鉴，我将甚感万幸。

每一个人的一生中都会有"明天"，常被"或许"的诱使而投入殊死的竞争中。

尤其，走过这一段虚无的人生历程中，我始终鞭策自己，现在快要到达我人生的终点站。"贫"令人发指的穷追猛打中，作品的内容难免匮乏，不太完整，这令我非常遗憾，但把拙品能悠闲地编织下来，也实乃万幸。

丙辰年九月
焦峰湧在著

目　录

冥想的鞭策 …………………………………………… 1
　　胎动 ……………………………………………… 3
　　考上城东商业学校 ……………………………… 9
　　野外遇到老金和石川 …………………………… 17

回国 …………………………………………………… 23
　　坪里 ……………………………………………… 25
　　8·15 解放 ……………………………………… 33
　　青年民主联盟 …………………………………… 38
　　西瓜灯 …………………………………………… 44
　　新德招来天破经 ………………………………… 49
　　诱惑 ……………………………………………… 61
　　6·25 战争 ……………………………………… 63

恨之入骨的白鸦山 …………………………………… 83
　　无等山 …………………………………………… 85
　　鬃毛 ……………………………………………… 90

武警 ………………………………………………… 123
　　武警 …………………………………………… 125

相逢 …………………………………… 133
　　结婚 …………………………………… 142
　　咸阳山清 ……………………………… 163
　　卖糯米糕 ……………………………… 166

毅然决然上仁川 ………………………… 173
　　仁川码头 ……………………………… 175
　　有八十扇门的房子 …………………… 181
　　假扮归国同胞的骗子 ………………… 189

四转五起 ………………………………… 195
　　金村印刷所 …………………………… 197
　　整理心 ………………………………… 205

附录　回忆我的父亲，思乡 …………… 209
　　关于姓名和号的故事 ………………… 211
　　第一封信 ……………………………… 213
　　学习和麻雀 …………………………… 215
　　后悔自己未能给父亲送终 …………… 218
　　美丽人生 ……………………………… 220

尾声　水柱 ……………………………… 223

冥想的鞭策

胎　动

当年，母亲在日本怀上我的时候，刚好在中国爆发了满洲事变。这也许是命中注定，我的命运将与众不同。

一直到我爷爷的那一代，一共六代祖先们在乡里一直都是首屈一指的大富家。家里有四五百石（一石为300斗，约6万亩）地。于是父亲小时候就能穿昂贵的五福绣背心，花钱如流水，较早接受先进文明的影响。可是，自从到城市开始做生意以后，家境发生天翻地覆的变化。当时，为了融资，家里把农田抵押给了金融机构。后来爆发满洲事变，当时的战时社会也不例外，社会上随即出现了通货膨胀。于是家里最终失去贷款偿还能力，原先拥有广阔田地的富裕家庭瞬时变成了普通的农民家庭。

1923年，父母亲东渡到日本的山梨县甲府市冈部村字松本。在那里，开始异国他乡的艰辛生活。1925年7月21日，大姐初子出生。1927年5月26日凌晨，在富士山麓的一个贫穷的村庄，作为长子的我也来到了这个世界。

我刚要出生的时候，我奶奶从韩国到日本来和我的父母团聚在一起共同生活。我就在她的养育下，度过了幼儿时光。奶奶30岁刚出头便成了寡妇。尤其是，平日里经常和父亲的意见不和，因而在孤独的环境下，常常以泪洗面。可是奶奶在那种不顺心的生活环境下，却把养育我和弟弟文才的事当作了一生唯一的乐趣，一直到去世。

我幼儿时期，父亲是一名铁道工人在南北横穿山梨县的花轮线建筑工地上班。父亲挣来的工资只能保证家里人勉强吃上盐饭。生活虽然有点苦，但加上弟弟文才，一共由6个人组成的家庭过得还算比较幸福。

1928年，我4岁的时候，有一天，姐姐穿漂亮的衣裳，高高兴兴地去商店买饼干，可发生了一件不幸的事。路上，姐姐出了车祸。她从正面被土建货车撞上。姐姐当场受到重伤，右腿骨折，两个手指头也被撞断。当时我家住在层峦叠嶂的小村里，父亲手里紧紧握住被撞断的手指，一路向离家有20多里远的医院跑去。路上，父亲跑了一段路才发现姐姐的腿也骨折了。到医院，医生跟父亲提议，说要截断姐姐的腿，但父亲并没有放弃。又跑到事故发生的地点，找到那些碎骨。回到医院，给姐姐做了接腿手术。因未能找到一根骨头，只好用义骨连接了腿骨。可是当时的医术水平较差，义骨部分未能完全愈合，便成了永久性伤残。更严重的是，随着年龄的增长，骨头虽然能正常生长，但被截断的筋骨退化以后不再生长，使脚背上增生的骨头移向后侧（脚背能踩地）。这样一来，脚很难看，又不便于走路，成了永久性的残废。后来姐姐因此度过了很不幸的一生。

随着花轮线竣工日期的到来，我父亲也因此而失业。无奈，全家搬到东京市深川区木场町九糊丁目。在那里，父亲在木材厂谋到一份扒丸木皮的杂役工作，一天挣的钱很少，只有25分钱。一家6口人，只能勉强糊口。工厂里，经常没有活儿可干。没活儿父亲只能待在家休息。每每这时候，一家人只能饿着肚子睡觉。我清楚地记得，我家后面正好有一家饭店。我们到饭店买来两分钱一斤的米饭，大家分着吃。然后，大家在冰凉的屋子里蜷缩着身子睡觉。父亲在工厂干活的时候，我跟着姐姐常常到工厂给父亲送去豆粉饭团（好像母亲因家里做不了饭菜，只好做这种5个到6个豆粉饭团）。父亲干重体力活，很累，但每次从我们带过去的饭团中取出两个来，分给我俩吃。而对我俩来说，每次能吃上那一个饭团成了唯一快乐的事情。

当我7岁的时候，家境非常糟糕。父亲实在没有办法，跟别人借钱，酿造很多5两一瓶装的酒，藏在阁楼上。后来有一天，有人告密，家里突然出现两个警察。他们一边跟我们说，"这帮朝鲜人真会闹事"，一边胡乱打碎了我家的酒缸。当时，在日本，私人酿酒是非法行为，算是犯了一个大罪。那天，幸亏父亲不在家，没有给警察带走，但是警察一心想要逮捕我父亲，隔三差五地到家里抓父亲。最后，家里经过一番讨论做出决定，全家要到外地逃难。因考虑到生计问题，最终我们决定要分成两路出逃。于是，父亲让每个人讲讲自己的选择。我和奶奶感情很深，所以我说了自己的意见，我要跟奶奶走。我一说完话，母亲在一旁偷偷地用力掐了我的腿几下。

第二天凌晨，我和奶奶往荒川区屋久町的韩国亲戚家出发，而家中其他人则去了神奈川县小田原市万年町。当时的寄留制度并不太严，如有必要，就可以提出寄留申请，而没有如身份证一类的户籍制度。因此，犯罪后逃到外地，就万事大吉。这说明当时的社会制度极其脆弱。

奶奶每天为卖豆芽和糕点而东奔西走，我俩勉强维持糊口。翌年，我到附近本久的一所小学校上学，学习成绩很优秀。无依无靠的奶奶为了打发时间，在屋子里摆了一尊佛像，成了佛教信徒。她每天不忘念佛经，念"南无妙法连月经，南无妙法连月经，无尽来法法藏少，依消减今尽，无事保有为奉，本门之阶段，本门之皆消……"等经文。我听到奶奶天天诚心十足念的佛经，后来不懂事的我也能背诵几句佛经。

父亲到神奈川县以后，和从韩国过来的亲戚做了珠宝小生意。后来，父亲来找过我们几回。每次来找我们的时候，他因犯有私自酿酒罪行，在巷子里东张西望，心惊胆战。看来，每个人犯罪后的心理均如此吧。这样的生活状态维持了一年以后，我们在小田原市又重新聚在一起。于是我转学到小田原市里的寻常小学上二年级。在这所学校，我仍保持优秀的学习成绩。这所学校给学生们灌输日本人的修身读本"二宫尊德金次郎"所推崇的社会奉献思想，所以每个学生的脑子里都是诚实、正直、博爱思想。在这所学校的学习期间，我正好处于感性高速成长的阶段，而我在这一段日子里的经历成了矫正自我性格的转折点。

在那里，父亲和亲家人（叔叔妻子的哥哥一直坚持做废品回收生意，最终发财。解放后，到木浦，开了大东橡胶工业株式公司，没过多久，公司就倒闭）一起开始做废品回收生意。那时，家里又添了宫顺和福顺两个妹妹，家庭成员增加到8口人，父亲就起早贪黑地干活，非常辛苦。

万年町虽然只不过是一座小都市，但周边名山环绕。北边有箱根山，西边有足柄山，那里是日本很有名的蜜柑产地。白天，我们跟着奶奶到山上，捡掉落在地上的蜜柑来补充生计，空闲的时候到离家较近的海边玩耍。到海边，往远处一看，能看到远方很有名的大岛上火山里喷发的滚滚浓烟。火山像讲述"贯一和宫

（在'张韩睦'原作中因李秀一和沈顺爱的人物形象而广为流传的故事）"的传说一样，悠悠地燃烧，我在一旁充满好奇地瞪大眼睛，望着那神奇的场面。

在这海边，有不少被人们丢弃的狗。它们成群结队到处窜。父亲偶尔和亲戚们一同去打几条野狗回家。在当时贫穷的生活环境下，那几条野狗能让我们难得好好地美餐一顿。

父亲写诗的时候，常用岛田胜之助这一日本名字。当我念小学三年级的时候，负责东京私人酿酒案件的警察把触角伸到了那里，我们不得不离开那儿，搬到大阪市东成区猪饲野町住。我的叔叔早就在这里生活了一段时间。父亲把名字改成木村胜之助。在猪饲野町一带，有约百户同胞们住在那里，他们形成一个小集团共同生活。于是人们把那里叫做朝鲜町，其中也有不少父亲的故乡亲朋好友。得到他们的帮助，父亲开始干活，收购旧罐子，截断两边，制成平板，清洗干净后卖给当地的一家玩具厂。这桩生意做得很好，不到两年，家里就开始维持了中等水平的生活。

有一天晚上，发生了一件令人意外的事。那时，我们大家正住在河边一家二楼的出租房子里。有一个黑影闯入我所睡觉的房间凶恶地看着我们。我们都因害怕浑身发抖。不一会儿，从楼下传来几个人吵闹的声音。我们立刻明白，闯进来的必是那些一直蹲守在我家的警察。只剩下几天犯罪失效期，父亲便以曾经在东京犯下的罪行，被警察抓走。第二年，父亲结束一年的狱中生活，光着头回到了家。

来到大阪后，我转学到生野的寻常小学。我念四年级的时候，换了班主任，他的名字叫做北口保。自那以后，我便从未进入优秀学生的行列。

有一天，学校里发生一件事，有一个学生的午饭盒被盗。班主任在毫无证据的情况下，认定是我的所为，严罚了我。那天是大冷天，我被脱光衣服，在走廊里罚站了一个多小时。下课后，老师又把我带到值班室里随意殴打了我。我也许继承了祖先优秀的基因，绘画和书法较好。有一天，我考了全国习字大会预试，我写的"登之山道炭烧烟"这一句非常完美，班里学生无一能与我的作品相媲美，可老师却这样评价我的作品说：

"这一句书法中能看出来，你的精神面貌并不太好。字和心灵不一致，而且写字的时候可能有了偷盗之念。"

老师不仅说这种哭笑不得的话，还安排水平一般的日本孩子去参加全国比赛。我们班里有三个从韩国来的学生，班主任很讨厌我们，对我们给予了差别待遇。

这种种族歧视给我幼小的心灵增添了愤恨和逆反心理。天长日久，我开始讨厌上学，自然而然地频频在上学的路上玩大半天后直接回到家。后来，我的性格也发生很大变化，经常做不应该做的恶行。随着缺席天数达到一定次数以后，班主任就让我叫来父亲。他跟父亲说：

"我提议，为了这个孩子的将来，最好把他送到少年感化院，你觉得怎样？"

考上城东商业学校

奶奶一直把我当成心肝宝贝来抚养。可是,当我念五年级的时候,她结束15年的日本生活独自去了韩国。她回到全南霎严郡郡西面道岬里,买下一间草房和1500坪稻田、2000坪旱田,一边务农一边度过了余生。

我念六年级的时候,有一天,父亲把我叫来,在我的前面摆下相当于家里全部财产的40万现金(当时谁家里要是有100万元,就被称作百万富翁的家,用200元钱能买200坪稻田一斗),极其严肃地跟我讲,

"现在家里的经济条件比较不错,你要好好念书,将来要成为一名法官或者是一名检察员,要不当一个郡守来光宗耀祖。"

父亲特别关注我的学习情况,如果我一天只学习几个小时,也能让他高兴得不得了,并一一满足我的要求。我一提什么要求,他都毫不犹豫。他慷慨地给我买吉他、小号、手风琴、乒乓球拍等。

我的日本名字叫做武雄。父亲聘请来自全南康津郡城田面金塘里的家教。名字叫金三基的人给我当家教老师。为此,父亲还给老师支付丰厚的报酬,还提供食宿费。

在令人毛骨悚然的虐待下,我终于熬到了毕业的那一天。开

始报考初中，而老师给我推荐乙类学校的锦城商业学校。城东商业学校属于甲类一流学校，老师极力反对我说，在年级的考试成绩不是第一名就没有资格报考这所学校，即使报考也会没有一丝希望。但我父亲却坚持要我报考这所学校。他去找班主任，要来一份内申书，323号应考号码。这所学校在1200名考生中招250名学生，按当时的情况来说，淘汰率算是相当之高的。

在那时候，教育的根本理念从学历为主转变成注重人格，还废弃笔试制度，增加了内申书的比重，经过口试，并由观象家来考查考生的人格，再有体育考试。在学校布告栏上贴合格榜单的那一天，父亲因受不了极度的担忧和焦虑，就给我和弟弟50分钱银币和两个10分钱的铜板，叫我们俩去看榜，又不忘加了一句：

"你如果没考上，我们家从此就完蛋，你和爸爸只能一起去死。"

听到父亲的这番话，我一点也不觉得意外。父亲把家里的一切希望全部寄托在我的身上，于是，我成长的时候也挨了父亲不少打。

我和弟弟开始向学校的发榜场出发。学校位于大阪府的布施市。我们从家里出发，先要走5里地，再乘坐30分钟的火车就到学校。我们俩到火车站的时候，弟弟不小心把50分钱的银币掉在地上，银币恰巧掉进往进站口急忙跑去的人的皮鞋里，一会儿那个人不见了踪影。路费不够，再加上我也对五比一的竞争率没有多大把握，就让弟弟一个人去学校看榜。我在火车站附近，焦急地等弟弟的时候，恰巧看到和我一起应考的两名学生和他们的家长，他们看完榜后正回家，每个人都有气无力地走过来。见到他们，我的心开始蹦蹦直跳。我马上跑过去向他们问情况。他俩回答说，他们没考上。其中一个学生的应考号码是321号，他说从320号到340号中，没有一个人考上。我的心立刻忐忑不安。我心想，有必要等弟弟回来告诉我结果吗？

我迈着沉重的脚步到家走进屋。见到我，家教和员工们马上停止手中的活儿看着我，工厂里的气氛顿时凝固起来。我见到母亲耷拉着头只顾流泪。过一会儿，父亲外出回来看到情况不妙，赶忙跑过来抓住了我的衣领把我带到二楼。我能充分理解父亲心里像天踏下来似的绝望的感受，我因害怕发抖不已。在楼下，包括母亲在内的所有人因悲伤和惊恐，变成了一片哭海。

父亲瘫坐在椅子上，长时间保持沉默。当我明显感受到杀气腾腾的氛围的那一刻，突然见到弟弟上气不接下气地跑进屋里，激动地向大家大喊一声，

"大哥，考上啦！"

听到这一声，母亲冲他喊了一句。

"该死的小家伙！你懂什么呀！"

"不，千真万确呀！我太高兴了，来回进出校门好几次，反复地看了又看……"

听到这里，父亲才开始放声号啕大哭起来。当然有母亲，还有家教和工厂里的所有员工。

父亲过一会儿，就和我们兄弟俩一起向学校出发。

父子三个在路上笑着、闹着，交替走在前面，不一会儿就到了学校。在那里，能看到眼圈发红的人，高兴得合不拢嘴的人。每次在考试发榜场所理所当然上演的喜剧和悲剧二重奏，在这里也不例外。甚至，我们还能看到有一些气急败坏的父母直接在榜

单前殴打自己的儿子。

考试合格的学生要到书务科买一顶帽子，并且要办理登记手续。

我戴上帽子，向父亲敬礼。父亲也向我真诚地回敬了不太自然的举手敬礼说：

"嗯，很好！"

我们三个人就是一句话，除了高兴，只有高兴。

然后，父亲一会儿把肚子还不太饿的我俩带到饭馆，让我们美餐一顿，一会儿到书店，买一本厚厚的大字典，说是以后肯定会有用。

我们到火车站发现，全家人在那里等候，欢迎我们，如同迎接凯旋的英雄，我也意气风发地向他们回了一下敬礼。

当时大量的韩国人来到日本，处处能见到由韩国人组成的小村庄。尤其在大阪，这种小村庄特别多，所以任何一所初中学校里都会有几十名韩国学生，但唯独在城东商业学校中只有我们3个韩国学生。

我在260名合格学生中位居第6位（当时学校通常都会统计全年级学生的成绩排序表）。城东商业学校在大阪所有200多所学校中属于前10名以内的重点学校，别提父母双亲多高兴，连幼小的我也情绪受到感染，自己心怀雄心大志，一度也刻苦学习了一阵子。

周围的人常夸我是一个美男子。我上二年级的时候，有一次在电车里发生了一件事。下课我坐电车回家，车上同乘的有一位身材丰满，两眼水汪汪的漂亮女生朝我送秋波。她一发现我呆呆地没有任何反应，就走到冷冰冰的我面前，用手使劲掐了我的腰，然后她跟我轻轻地说了一句话：

"下一站请跟我一起下车。"

我被她突如其来的行动惊呆了，大声地朝她喊了一声：

"搞什么呀！你这个傻丫头。"

那女生突然被我的喊叫声吓一跳，脸霎时变红，一到下一站急忙下车了，待到车远离后，还朝我抬头撇了一下嘴巴，做了鬼脸。

从那以后，我和那个女生经常在路上遇见。一想到她那次天真勇敢的行动，我心中难免觉得自己愧对她。偶尔我也看到她见到我以后，跟自己的同伴们嘀咕什么，然后总会向我深情地微笑。她微笑的样子常常浮现在我的脑海里，让我不禁思念她，可是后来，我再也没有见到过那个女生。

升到三年级的时候，身强体壮的我成为学校摔跤、跑步、游泳、体操队成员。我还取得了讲道馆中央道场的剑道二段称号，也经常到拳击馆，做高强度训练。

有一天，我家后面新搬来一户人家。他们的老家是全南康津，经营电气厂。

那户人家里，有一个名字叫金万里的长子。他和我同岁。附近没有其他韩国小孩，我很快就和他成为好朋友。万里上工业学校，他是一个性格粗暴的不良少年，但却能跟我和得来。但是近朱者赤，近墨者黑，他自然给我起到不好的影响。那时我们正好处于成长英雄心理较旺盛的时期。我们每天玩到很晚，到处游荡，拦下并殴打放学回家的学生们，或者调戏姑娘。渐渐地我也成了不良少年帮派的一员。那时，我也交了富有人情味的中野等日本人和尹河乡（济州岛大静面日果里人氏）等韩国朋友。这帮朋友们都是不良少年，白天耍流氓，晚上当小偷。

不过，我那些朋友们都富有人情味，讲义气，他们大把大把地花掉偷来的钱。自从认识那些朋友以后，我也有钱能大把地花，从未因缺钱而苦恼过。时间一长，旷课的次数也增多，经常穿梭于剧场、娱乐场所之间。

这些朋友们天一黑就开始做小偷的勾当。他们以繁华的电车停车站为主要活动场所，挑最拥挤的时刻，趁乘客挤在一起的时候，偷别人的钱包。没过几十分钟，他们就能轻松偷来几个钱包。然后到僻静的地方打开钱包，取出里面的钱。钱包里通常有几十块钱。当时用五块钱能解决一天的消费欲望绰绰有余。偶尔还能偷来巨额支票，但朋友们都不懂事，都随便把它扔在一边。

这样以来，时间一长，难免有些朋友被警察抓住，送进少年监狱里待一阵子。有一天，我接到派出所给我送来的传票。我不知发生了什么事，但手里拿到传票，心里忐忑不安，不知所措，只能到搜查课里走一趟。中元派出所离家有20里路。这个派出所虽不是管辖我们地区的派出所，但以制服不良少年而有名。

走进派出所，我用颤抖的手向一位警察递了传票。

警察看完传票，指着后面的走廊跟我说：

"你去那边。"

我走到搜查课走廊，看到搜查课室在右侧。我没有敲门，轻轻打开门就进屋。有一位看似审问的警员在办公室里，给人以极坏的印象。他看我一眼后问我：

"你来干什么？"

我回答说：

"你好。"

14 焄峰逸志

然后，我递给他传票。

"嗯，知道啦。你过来，坐吧。"

他翻阅资料后说：

"哦，你是小偷。"

他立马给我戴上手铐跟我说：

"小子，你知道这里是什么地方吧，我们已经做过调查，你给我如实交代。你如果讲半句假话，我立刻把你送到看守所！"

然后，先抽了我几个耳光，给我施加压力。

我马上提出抗议：

"不，我绝对没做那种事。"

"你说什么呀？"

说完，又狠狠地打了我几拳。

"我跟您说实话，我虽然和那些朋友们一起玩过，但从未偷过别人的东西。"

"我说过，我们都知道详情，你还敢骗我？"

"我知道这里是什么地方，哪敢骗您？"

"咿呀！看来你小子不一般啊！"

说完，仔细地搜遍我衣服上的口袋。

我和金万里成为朋友以后，从15岁开始学抽烟。警察从我的口袋中找出几支烟。紧接着那个警察又凶狠地打了我几下。

"你小子，分明是不良少年。你给我把嘴张开。"

他想看看我的牙齿上是否有尼古丁的痕迹。

那时，我突然鼓足勇气，又严肃，又吐字清晰地跟他说：

"警察叔叔，过去我是因为无知，才跟那些不良少年们混在一起玩过，但我确实哪怕一次也未偷过别人的钱物。我发誓，以后我一定要努力成为守法的好人。我坚决地下决心,将来成为一名日本帝国所希望的好人,请宽恕我,好吗?"

"嗯,不错。好吧。我相信你一次。那你给我写决心书吧。"

"是,谢谢!"

我重新端坐在那里,写了一篇决心书。

"我下决心要成为大日本帝国所希望的一名优秀国民……"

我写完,警察过来拍了几下我的肩膀后说:

"咿呀,你小子书法不错呀。你这样的人怎么做了那种坏事儿呢?"

然后,警察鼓励我说:

"你一定要成为一个好人,懂了吧?"

后来才知道,被收容在少年监狱里的一个朋友交代朋友关系的时候,提到了我的名字。

野外遇到的老金和石川

我上四年级的时候，父亲经营的事业遭到失败。

1942年12月8日，日本帝国大喊"击溃美英"的口号，对两国发出了宣战公告。

随着第二次世界大战的爆发，包括粮食在内，各种生活必需品和战备物资的发放受到了严格控制。我们经营的罐板生意却蒸蒸日上，父亲迟迟不愿意放弃这桩生意。后来，因违反控制令，交了高额罚金，存货被没收，也受到停止营业的处分。我家的生活，顿时陷入困境。

当时全家搬到田岛町。田岛町后面有广阔的野地，中间有一条河，用于灌溉。一到夏天，有很多孩子聚集在这里，一同玩耍。

这条河上有三四座桥。有一个40岁左右的日本男人每天到桥上度过闲暇时光。

我当时正沉迷于弹吉他，和金万里、尹河乡、姜军哲等朋友一起在这片野外中弹吉他、唱歌、打水仗来消磨时光。

我们天天在这里玩，不知不觉中认识了这个叫做石川的日本男人。后来经他介绍，他是衣食无忧，生活条件较好的一家的户主。他从小被富人家收养，一直长大到成人。他的养父几年前去世。家里有比他大10多岁的养母,她是风骚的女人。自从有一天晚上她突然闯进他的卧室后,便和她一直生活到现在。

他是一个非常利害的好色之徒。每次到野外,随身携带许多桃色图片或照片。有一天,他从内衣口袋里掏出一张像小盘子大小的面具,给我们看以后说:

"你们猜猜看,这是什么?"

"叔叔,这不是一张面具吗?"

听到我们的反问,他笑嘻嘻地把面具翻过来给我们看,背面上有精雕细刻的桃色图。还有,他经常带来类似"迪卡麦伦"的一本桃色杂志。他经常不停地咳嗽,这让人联想到淋雨的公鸡,终于有一天他消失得无影无踪。

在这片野外,还有姓金的一个40岁左右的韩国人。他也是一个怪人,特别喜欢讲桃色话题,还经常偷食野外的香瓜和茄子。

这一位奇特的老金不知从事什么工作,经常把我们的书包藏起来,诱骗我们不要上学,陪他一起玩。有一天,他跟我们讲,

"孩子们,你们想不想到桃花园去玩一趟?"

我们随即反问他:

"你说的桃花园在哪里呢?"

"你们只管跟我走就知道啦。"

说完,他在前面给我们带路,我和万里、军哲、河乡互相看一看后,就默默地跟着他走。

我们大家都为了上学而从家里出来的。因此,大概是9点左右出发的。我们花三四个小时走了四五十里路。到了目的地,才发现大阪的郊外有这样的一大片田地,眼前是一望无际的葡萄

地，在葡萄地边上一边走，一边摘下葡萄随便吃，也没有一个主人说我们。

我们又走进一个山沟，里面有一条清澈的小川，走了一段路，就到了他所说的桃花园。

那里有宽广的沙滩，我们眼前展开的是，如同山水画般的美景。那里不仅有葡萄，还有拳头大的李子和桃子，可以随便摘下来吃几个。一边还有池塘，四五个人在悠闲地钓鱼。

我们一行忘掉一切烦恼，在那里尽情玩耍，一直玩到四点多。想到回家的路还需四个小时，突然大家觉得情况不妙。

往回走四五十里路是一个问题，更让我们担心的是，回去怎样向家人交代自己未上学的事。可是，老金始终面带微笑，跟我们说不要着急。然后，他马上偷来两辆钓鱼的人骑过来的自行车，叫我们赶紧骑走。

下坡路是柏油马路，我们没花一个半小时的工夫，就到了我们常去的野外。然后，老金把两辆自行车丢进河里。

1945年，对日战争进入尾声。在神户、名古屋、大阪的高高的天空中传来B29飞机飞过的轰鸣声。日本人发起"战到最后时刻"的狂妄口号，连中年人也不放过，强行征集他们当特工队员或者是敢死队员，要求他们为国捐躯。随着联军舰队对陆地的攻势日益猛烈，事态的发展严重恶化，日本人也预感到自己要战败，便要求国民疏散。在众多韩国人忙着回国的时候，我家里的人也做出了回国的决定。

我们到大阪站内巨大的地下洞里一看，足有数千人在那里等待回国。在那儿，到处有乱放的被褥，也有炊事工具。大多数人已经在那里等了几个月，还没能回国，一瞧他们的脸和手脚，和乞丐没什么两样，而售票口一天只卖几张船票。

我们带来派出所所长发放的渡航证明书。有这种证明书的人具有优先购票权，可以不受限制地进入售票室里买票。

父亲很快捕捉到这个机会。他让我们先回国。然后，他自己回去复印大量的证明书。局势已进入最后疯狂的阶段，这时候无人会认真查询真假，所以没有多大问题。下关到釜山的船票价只有三四块，但几个月的等待期间为经费受到煎熬的人们宁愿花二三十块钱也要买一份证明书。不一会儿，证明书复印件一售而光。父亲借此机会发了大财。过了两个月，才回到韩国。

我们回国的路上，有一艘5000吨级的轮船被联军的潜水艇击沉到海底里，只运行"昌福丸号"一艘船。我们登上甲板，大家被全部召集到一块，听到了简短命令。

"大家都知道，前些日子，有一艘轮船被敌军击沉到海里。现在，在海滩中有不少敌人潜水艇在活动，说不定什么时候会攻击我们的船，所以大家要做好最坏的打算。如果我们的船受到攻击，我们将立刻拉响警报。请大家届时不要忙乱，沉着应对，并且要在指定的地点集合。为了至少避免我们的身体变成鱼食，禁止大家随意外出走动。下面，我们发放号码牌，务必挂在自己的脖子上。"

乘客们各个心里忐忑不安，表情也阴沉下来，场内无比安静。

为了避免受到联军的攻击，轮船等到太阳西沉后，才起锚出航。我们进入从上往下数的船体的第四五层中选择了床位。那天，风浪特别大，一到晚上，巨大的轮船开始左右摆动。突然我们听见刺耳的警报声，乘客们挤在狭小的走廊里，都要推搡着往前走。在希望渺茫的那一刻，人们对生的渴望本能地显露出来，大家都盲目地争着要向前移动脚步。

过一会儿，全部乘客都聚集到预定的集合场所。突然，船向一侧倾斜20度左右，人群中有些人不小心滑倒，顿时乱成一片。走上甲板的铁门紧锁着，因受到晕船的痛苦和对死亡恐惧心理的影响，人们的脸个个煞白。这时候听见有人开始喊话，发布命令：

"乘客朋友们！大家做得很好。好啦，现在已经安全啦。下次大家也不要忘记，行动要保持跟这回一样。请回到自己的原位。"

大伙听到指示，才安心地呼出憋了半天的气，但对他们拿别人的生命做游戏进行演练的事，纷纷表示愤慨，不过还是觉得很万幸，而马上又安静下来。

回

国

坪 里

  1945年4月1日，我们一行踏上了陌生的祖国土地丽水。对不会讲一句母语的我来说，相比对祖国的怀念，更重要的是眼里看到的一切都觉得很神奇。我们登上火车，从丽水出发，途经裡里去木浦。缓缓前行的火车和沿途各露天车站都给我留下很深刻的印象。和走路匆匆的日本人相比，韩国人也许受到大陆的影响，走路时泰然自若。我看到了偶尔聚集在一起的草房和光秃秃的山。路过一处，我还看到有人在脱衣服抓虱子的场面。

  中午时分，我们到达木浦。我们乘坐小船去龙塘里。我们大家一句母语也不会讲，跟行人问起路来非常不便，幸亏父亲在我们临行前给的小纸条发挥了很大作用。我们拿出纸条给路上遇到的行人看，顺利地到达了目的地。

  从龙塘里坐巴士到犊川有30里路，再行20里就到达鸠林異。一路上交通很不方便，中途打听到巴士很晚才出发，就徒步走了20里路。

  当时韩国的国情很糟糕，面事务所职员才有可能穿上用家中织布机编织的还没有染色的梭布缝制的西服，脚穿地下靴（类似篮球鞋）。面书记和警察的职权都很大，人们看到他们都会望风而逃。行人从远处看到我们一行身上穿的哔叽西服和皮鞋，就一路跑过来，纷纷说：

"哇，这衣裳真好看！"

"你瞧瞧那双亮铮铮的皮鞋。"

他们吵嚷着看我们一行，直到我们消失在他们的视线中。

晚上8点多，我们才到达坪里。村里人帮我们找到我奶奶住的家，边推门进屋边朝里边喊道：

"兔洞奶奶（他们喊奶奶的宅号），你看谁来啦！"

"谁呀？"

奶奶站在黑暗的地方找自己的鞋。

"嗨，您的孙子们从日本来啦！"

于是，奶奶立刻就光着脚跑出来。

"啊！我的小祖宗们！你们怎么来的……"

说完，奶奶放声大哭起来。

"奶奶！"

我也喊完一声就号啕大哭。

过一会儿，村里的人一个一个来到奶奶家，姑姑家里的人也来了。他们开始忙活，准备些饭菜，好像过节一样。可是，一会儿送来的饭菜中飘来奇特的酱油味儿，我第一次尝到的菜非常难吃，实在难咽下去，但富有润泽的多磨金米饭却美味无比。我们在日本吃的是战时发放的一天三斗的安南米。吃完饭，在朦胧的油灯下（当时，每个月给一户家发放两斗灯油，晚上为吃饭方便才点一会儿，而且只为了避免把米饭送进鼻子里的尴尬场面，油灯的火苗很小，月圆之日干脆不点灯），奶奶忙着给村里人们介绍我们一行。

坪里的东侧有一座海拔804米的月出山，西边是广阔的农田。农田边有通往木浦的大海，到先昌有 10 里路，大约需要一个小时。村子里约有 70 家住户，我们的大小家就占其中的三分之二。在郡西面里，我们咸阳朴姓家人的权势最大。坪里有 100 多个青年人，他们都夏天务农，冬天就聚在西厢房，一起玩各种有趣的活动。这里确实是人们和平相处的好农村。

我们兄弟和村里的年轻人打成一片，很快都成为好朋友。那时候，家里的生活条件不错，一年四季都可以尽情玩乐。村里的朴俊九、马衡真、崔俊河兄弟、申玄才、金泰炫等都是坪里较优秀的青年人。我和那些朋友们打成一片，一到冬天就制作绳套（用苎麻制作的套子）来抓鸟。当地有数千只野鸡、鹅、鸭子栖息在那里。有时到月出山打猎，能捕获到狐狸、獐子、鹿、獾等动物。白天带上两条猎犬去打猎，再加上几条杂种狗，搜遍周围的山。晚上在野外捕获觅食的动物。而在冬天，每隔两三天就进洞抓捕一只冬眠中的狐狸或者獾，但对农作物有害的动物则每天抓获三四只。

在月出山入口处有一个叫西瓜灯的地方，再往前走 5 里路就到洞口村。那里住着 20 多户人家。村里人很穷，人们只能靠卖柴禾来维持生计。洞口村里有一座叫道岬事的带妻僧的庙宇。从西瓜灯到洞口村的 5 里路之间还有冬柏沟、炸口沟等 10 多个山沟，都是打猎的好地方。那是我第一次出去打猎。猎犬在洞口村周围探路，一条狗用鼻子闻闻地面上动物留下的体味后跑去，其他的狗就跟它一起跑。

突然，朴俊九猛地喊道：

"有啦！"

猎犬把鼻子贴在地面往前跑，说明它闻到了狐狸、獾等短腿

回　国　27

动物的体味。没到 10 分钟，先跑起来的大黄狗（在霎严郡、康津郡、章陵郡一带首屈一指的珍岛纯种名犬，有一对"大黄狗"和"母黄狗"夫妻犬，这两条狗是村里医生李行国的）跑回来，在我们面前直摇尾巴，意思是自己有所收获，要我们跟它走。跟大黄狗没走 100 米，就发现地上有一只狐狸，已经被黄狗咬死，躺在地上一动不动。狐狸是小动物，一遇到猎犬就吓死，任由狗来处置。大黄狗在主人面前炫耀自己的战利品，又猛咬一下已经死掉的狐狸。

其他狗也围着狐狸转来转去，大声吼叫，好像在庆祝别的狗捕获的战利品。这是我的第一次打猎经验，觉得非常有趣，又让人兴奋不已。猎犬一遇到獾或野猪等强敌时为了避免被猎物发觉，绝不叫一声。

我们背起捕获的狐狸，继续向前走。

大约到了黄昏时分，猎犬和训练犬仔细搜查了方圆二三百米范围，一会儿出现在我们面前摇一摇尾巴，又一会儿消失在我们的视野中。我们为了把自己的位置告诉猎犬，模仿鸟叫声，轻轻地吹了口哨。那一对夫妻狗确实为名犬，它俩用自己敏感的嗅觉能分辨出三天前狐狸、鹿、野猪路过时留下的体味。

大约过了 30 分钟后，从离我们只有 10 多米的地方传来类似一头小牛逃跑时发出的声响，大黄狗飞速疾跑。原来是一只獐，它未等猎犬发现，就被我们的轻轻的话语吓了一跳，便撒腿而逃。

在山里，野猪和兔子跑得最快，其次是獐子和鹿。白天狗追它们，我们在前面堵它们逃跑的路，就能捕获猎物。而到晚上只能全靠猎犬。猎犬嗅到猎物的体味后，先悄悄接近，并等待时机，然后猛然出击，不然跑不过它们，不可能捕获到猎物。过一阵，大黄狗回来并不摇尾巴，意思是没有收获。我们翻越了几个山沟，蹚过了几条小河，来到深山里。我们见到前面不远处有排放无序的石阶。这次打猎，和我们兄弟俩一同来的还有朴俊九和崔俊河。我们沿着石阶走一段路，前面便出现有一个小院子里破落的小房屋。

这时，俊九朝屋子里喊了一声：

"奎泰！你在吗？"

从屋子里走出一个青年人，朝我们走过来，说：

"哦，原来是小么啊！"

朴俊九的母亲跟过4个男人，村里人管她叫4物汤。朴俊九在家里是最小的，所以年轻人叫他小么。紧接着从屋子里走出来奎泰的弟弟德泰和他母亲，欢迎我们的到来，跟我们寒暄几句。

在这破烂的小房子里，兄弟俩靠砍柴卖柴赚来的钱维持生活。老母亲是专门挖山参的，她到山里挖野菜后，走20里路到邑上集市卖野菜。

凌晨3点，老母亲给我们做夜宵，在小米饭上面有地瓜片和几种野菜。当时我只有20岁，而奎泰已过30岁，当然因生活条件不好，未娶到媳妇，仍然是光棍一条。弟弟德泰25岁，母亲已过70岁。因为她是专门挖山参的人，在险峻的山沟之间她都能像飞虎一样来去自如。

奎泰的长相很丑，很像黄鼠狼，但一旦玩起来却玩得真有趣。他们家点起松明油灯（用松脂烧制的油，点灯会产生浓烟，点一个小时，人的鼻孔会变成烟筒），款待客人。奎泰从未见过我们这样穿着的人，他开始提议玩投影游戏。他在纸上用吐沫把三角纸片粘贴在手背上，对准油灯投影到不太平整的土墙壁上。三角纸片的影子宛如村乐队成员头上戴的高顶帽，他双手的拇指和小指跳起古典舞蹈，同时还唱一曲南道歌。

  高山上飘雪
  矮山上飘灰
  大川和大海上
  下滂沱大雨

  嗨，童子你过来
  给我研好墨
  我要给爱人写信
  信能飞来
  爱人为何不来啊

  高山挡你的路
  乘飞机飞来
  河水挡你的路
  乘船过来

  哎嗨呀……哎嗨
  哎嗨……哎嗨呀

  我那时仍然只会讲简单的单词和骂人的话。我虽听不懂他唱的歌词的意思，但在这深山中，看到有一位长相奇特无比的男人为我们做出舞动的投影的举动，让我很受感动，我就朝他笑了笑，于是奎泰的脸上也显露出很满足的表情。

从那以后，每次到洞口村附近打猎时，我就到专门挖山参的人住的小草屋，和奎泰兄弟俩成了好朋友。那年夏天，老母亲到深山里挖山参时，遇到一位山中迷路的姑娘，便把她带到家里。这件事后来成了缘分，奎泰便娶了那个姑娘。

人和人之间的缘分说起来很奇妙，那姑娘是一个大美人，身材丰满，皮肤也雪白。

月出山山脚有一个富有的村子，叫广岩里村。从那个村子沿着没有人烟的山脚走5里路，有一个公共墓地。这个公共墓地具有悠久历史，因此和它有关的纳凉怪谈也颇多。

我家里有一个来自海南的长工，他的名叫大富。到坪里必须要穿过墓地中央的小路。大富曾在夜间跟着五六个商人从这里经过。途中还要经过较狭窄的山沟，当一行人走到四周漆黑的地方，因为害怕大家都想走在一行人的中间。这时候，突然传来一个女子娇滴滴的笑声，"孩儿啊，不要哭，哦，真乖……嘻嘻嘻嘻……"他们顿时吓得魂飞魄散，撒腿就跑，但因为四周漆黑，胳膊被周围的树和石头磕碰，他的胳膊上至今还留着伤疤。不过，两个人带几条猎犬就不会感到害怕。那个墓地上常出没狐狸，狐狸要挖尸体来吃，所以为猎狐狸我们经常去那里。

有一天晚上，我们到墓地，突然，几条狗都退到我们身边，杂种狗紧紧夹着尾巴，躺在地上装死，而大黄狗夫妇则怒视着对面山的棱线。即使我们不断地吹口哨，催它们前进也不好使，它们好像被凝固在那里一动不动。原来，在棱线那一边出现了一只老虎。

回　国

狗有灵感，事先可以知道即将出现的危险情况。

我们没有磨蹭，立刻撤回。

上山打猎，能遇上野猪、狐狸、獾就非常刺激。獾被猎犬盯上就完蛋。因为獾跑不过狗，獾的体形跟狗一般大，属于熊科，较凶猛，猎犬捕猎它时会受伤。獾长相酷似棕熊，它有长而坚硬的爪子和尖硬的牙齿。没有人的帮助，猎犬就难以制伏它。当猎犬和獾进行殊死搏斗时，我们在一旁靠近后要用铁枪刺中它。獾即使被刺中了腹部，仍会用牙齿咬几口铁枪，在铁枪上留下几个深深的牙痕。

獾的皮肤由较厚的脂肪构成，可以榨出大量的油，獾油对治疗肺结核病很有疗效，所以可以卖好价钱。我苦苦地求父亲买下大黄狗夫妇，一条狗的价格相当于一头牛的价格。

这种纯种珍岛狗，首先有完全黝黑的爪子，尾巴向左侧卷曲。经过长期的打猎，我积累了打猎方面的不少经验。

8·15解放

我家在坪里是首富，父亲很有人格魅力，包括面长和里长。咸阳朴姓人在当地很有权势，所以没有遇到什么不顺心的事，每天过得还不错。那时，第二次世界大战进入尾声，日本帝国主义者随便抓年轻人，以征兵的名义送到九洲、北海道、咸境道的煤矿充当苦力。征兵初期他们采取发放令状的形式，但后来随意抓人来充数。这事都由面职员来执行，有一名监察机关分署派来的警察在一旁监督。因而，在当地，分署的警察部长等于阎王爷，他的一句话就能让整个面颤动起来。

九林里是面所在地，九林里分署（当时叫派出所）的警察部长是一个日本人，叫陶磁。陶磁光头，络腮胡子，体胖，脖子粗大，令人联想到一只肥猪，还有牛眼，他深受酒毒的影响，脸又黑又红，俨然是一个达魔，是典型的恶毒的警察形象。在那个地方，有谁家的孩子哭闹的时候，不说"老虎来吃你"，跟他说，"陶磁来抓你"，孩子立马就不哭了。

在一个天高月圆之夜，村里人三三两两开始聚集到村口院子旁边的洞廊（类似会馆），人们大吵大闹，互相交谈：

"说日本人无条件投降啦。"

"我们快解放啦。"

自联军对东亚宣战公告发表以后，日本人曾经迅速攻占新加坡，势如破竹地占领了新西兰和南洋群岛上的联军军事基地，然后像过节一样，庆祝胜利。而没过多久却投降啦。

对坪里人来说，把日本人的战败简简单单地解释成我们得到了解放，但没有一个人会担忧这个和平村庄将来的命运和悲剧。

解放后，没过几天，人们开启邑里政府粮仓大门，在无政府状态下，随便取走粮食，用"饱食"这些粮食来享受脱离殖民统治得到解放的快乐。面里的人们抓来警察部长陶磁，人们像食人族围着火堆唱歌、跳舞、庆祝节日一样，大声欢呼着，让陶磁跪在众人面前，大家你一拳，我一拳，把他打了个半死。

回国后，我家的家境有所改观，于是父亲就纳了妾。她的名字叫金春心，有35岁，像妓女一样妖艳，在郡内以有很强的手腕而出了名。刚开始，我考虑到家里经济宽裕，父亲又即将步入老年时期，便出于同情，理解父亲做出的决定，就未想阻止，这也许成为他最后享乐的决定（这确实成为他最后的享乐）。但是，不出所料，由此我们家就走向没落。金春心曾让三个富人家倾家荡产，所以这次也算很正常。父亲听取金春心的话，用种田收获的粮食和收购的粮食开始私自酿酒，然后运到木浦出售。但事情进展得并不顺利，家境便开始出现滑坡。

父亲对母亲的虐待与日严酷，对孩子们的爱也日渐淡薄。父亲一整年就待在金春心的房间，于是母亲很不情愿，为了改善窘境，想尽方法试图阻止现状。我家在村口新盖了一座房子，是有6间房的二层楼。这个房子在村子里是首屈一指的。母亲欺骗父亲说，一到晚上，房子正中间的车库中传来女人的声音，女人还说："好好垫上坐垫……嘻嘻嘻嘻。"母亲说自己好害怕，但父亲却把她的话当作耳边风。我和母亲合力，共同对付金春心。每当那个时候，父亲就对我拳脚相加，也无情地殴打母亲，有时甚至抓住母亲的双耳，往她的脸上吐吐沫。随着家境的没落，从未干过粗活儿的母亲，一整天在旱田里干活，满头大汗。回家也不顾湿透的衣服，直接倒头就睡。每当看到母亲因疲劳入睡的样子，我无比心酸，便开始恨父亲，也产生了逆反心理。最后，实在难以忍受了，有一天背上弟弟文才和母亲一起逃出家到海南。母亲的亲戚家就住在那里。

从坪里到海南有100多里路，凌晨出发，徒步行走，黄昏时分到达目的地。母亲的亲戚家在海南的右水营。海南邑行政区内有海里村，村里住着约50户人家。母亲回忆说，30年前姑姑就住在这里。我们按照母亲的回忆，很快就找到了姑姑家。我们进屋看见她，而她当然认不出母亲来，于是母亲向她说：

"姑姑，我是醴顺。"

姑姑听完母亲的话，立刻扑过来拥抱母亲。俩人就开始放声大哭。母亲整晚向姑姑讲述俩人分别后的事，最后告诉来找姑姑的缘由。听完母亲的话，姑姑说：

"该死的家伙，对付那种人要狠一些，还顾及什么。"

说完，姑姑给我们安排了一个房间。

那是初秋时分，我经常到后山上摘栗子来消磨时光。那座山是国家的，满山有很多栗子，不一会儿就能装满一麻袋。我经常下身穿哔叽裤，当时穿这种裤子的人很少，上身穿白色毛葛衬衫，到市内闲逛。

在海南，闵氏和尹氏家族的人很有权势。有一天，住在龙洞里的有一家尹氏母女来到市里逛街时见到我，悄悄跟踪我来到我家，记住了我家地址。回去后，以海里人为媒婆到我家求婚。母亲没有顾及现状，被两班家族的名号所吸引，便当场同意两家会面。海南姑娘最受小伙子们的青睐，是众多小伙子追求的目标。

几天后，两家人说好在邑里的一家旅店会面。到旅店，我们母子俩和她们母女俩在服务生的引领下走进一个房间。那姑娘自始至终坐在那里低着头，用手帕遮挡口和鼻子部位，显得很害羞。

刚开始，两位母亲相互问问对方的年龄和故乡、家庭情况和条件等，然后就留下我们俩出去了。我的心蹦蹦直跳，也因害羞半天没说一句话，也不知怎么开口说话，嘴干舌燥。姑娘身穿白色上衣和彩虹裙子，长长的头发垂到臀部那里，发端上绑着紫色布条。

过了较长的时间，姑娘仍固定在那里纹丝不动。我越鼓足勇气想要开口说话，越觉得口干得利害。我下了很大的决心后终于说了一句：

"小姐，你有18岁吧？"

听到我的话，姑娘瞬间用手帕遮挡整个脸，过了半天，才用细小的声音回答我：

"是！"

当时，我吐出那一句话以后，感觉舒坦多了，可又为找不到下一句而发愁。我调整一下自己的坐姿，打量了一下姑娘说：

"你叫什么名字？"

姑娘也好像下了很大的决心，抬起头回答我：

"我叫尹正姬。"

这样，两个人简单地、不太自然地交谈了几句。这样以来，我也能清楚地看到她的脸庞，她是令我相当满意的美女。

不久，两位母亲也进房间来，会面也结束了。后来，通过媒婆了解到，姑娘说如果这桩婚事不成，她就悬梁自尽，于是婚事进展顺利，只待挑选吉日。

有一天，父亲走访整个海南一带的所有亲戚家，也来到我们家，跟我们哀求：

"我对自己的所作所为追悔莫及，都是我的错，你们跟我回家吧。"

听到父亲的话，外祖母大声责备父亲说：

"哎哟，你现在才回过神来啦。有一句话说得好，虐待糟糠之妻定会遭报应的，活那么大岁数了，你怎么那么不明事理啊！"

当天，我们就跟着父亲回到坪里。

青年民主联盟

刚解放,有一个名叫高在胜的人,50多岁,是所谓的社会主义民族活动家,是青年民主联盟的成员,他头上戴头巾,领着手里端竹枪的10多个人出现在坪里。他召集全村人以"日本的战败和我们前进的道路"为题做了演讲。人们对他的雄辩大加赞赏。没见过世面的村里人头一次听到社会主义和民族主义等词语,但大体上明白什么意思。

青年民主联盟的势力日益壮大。春去夏来,遍地开花。坪和村坐落在阳光明媚的地方,生长在那里的天真烂漫的故乡朋友们一直友好相处,而青年民主联盟则搅乱了他们的生活。

回国时我带来了西班牙产的高档吉他,在日本10块钱能买普通吉他的时候,我花200块钱买了它。这把吉他用西班牙特产的木材制成,琴柱很柔软,弹奏的音质清晰,音律也非常动听,让我倍加喜爱。

那时,九林里有一个二十七八岁,名字叫崔泰浩的年轻人。他在日军统治时期当过面书记,正好他也有兴趣学吉他,听到消息,他就跟面里几个同事一起来找我,不久我们便成了朋友。

小崔在上班时间也经常过来找我。他是吉他初学者,我就教他弹奏由南仁树编曲的《哀伤的小夜曲》和《水磨房的爱》、

《泪别釜山港》等曲子。两个人很快就成了好朋友。我晚上经常到 5 里远的小崔家玩到很晚，有时还在那里过夜。

如此一来，我频频来往于九林里，交了很多在九林里较活跃的年轻人。九林里的年轻人也许继承了月出山的正气，在军队里也有很多来自九林里的气宇轩昂、活动能力很强的年轻人。

"太阳升起来，同胞们来吧，新鲜的风吹到我们月出山下的三千里江山。九林里的朋友们振作起来……"

我和青年朋友们聚在一起创作《九林青年团歌》等歌曲，在露天剧场上演唱。也经常在那里召开新潮戏剧和演唱会。这个团队就是后来左倾地下组织的母体。

小崔在这个团体里发挥领导的作用。我跟小崔经常在露天剧场一起演奏吉他、唱歌，偶尔参加新潮戏剧的演出。剧中我们以揭露社会上存在的贫富差距为主题，极力宣传共产主义思想。

那时候，我有事去面里时穿戴很时髦，又背一把吉他，让人看起来帅气十足，成为众多姑娘们所追求的目标。

有一天晚上，天上没有月光，外面一片漆黑。我从金泰玄家的西厢房玩到很晚才回家，路上突然发现有一个黑影挡住我的去路。仔细一瞧，原来是长得很美的金在炫的妹妹富礼。富礼泰然自若地走到我跟前，递给我一张纸条，便仓皇而逃。平日里，富礼每当看到我的时候，显得很害羞，所以我能猜到那是一封情书。到家里打开一看，果然是情书，上面写着：

"我一直暗恋你，但不知这是否是单相思。如果你对我有好感，请你明天晚上到明珠家后面的竹林里等我。"

我收到一个农村女孩写给我的淳朴的情书，长夜难眠，辗转反侧。

回　国　39

第二天，我到富礼的家，从围墙伸长脖子往里瞧了一下，看见富礼正在晾衣服。我轻轻地咳嗽几下，富礼听到，回头看见我，吓了一跳，快步跑进屋里躲了起来。

那天晚上，我就到明珠家后面的竹林，悄悄地等她。等了一个多小时，富礼仍未出现。我在心里想，"她白天都被我吓逃跑了，看来没胆子出来和我见面。"当我焦急地等她时，我发现，富礼正从未熟透的麦地里朝我这边走过来。

"富礼！"

我朝她小声地喊了一声，她就快速向我跑过来。一开始，我打算见到她以后直接拥抱她，但一旦碰到她，就没有那个胆，只说了一句：

"哦，富礼你来啦！"

富礼见到我很害羞，没有回答我，只有呆呆地站在那里。

我先坐在地上，叫她也过来坐坐。她就走到离我一米远的地方坐下来。我俩好长时间谁都没开口，只坐在那里。过一会儿我挪动身子，靠近她，一边用双手拥抱她，一边说话：

"富礼！你真的那么爱我吗？"

富礼任由我拥抱她。我把脸贴近她，她就允许我吻她。两个低俗的农村青年男女之间没有什么甜美的情话，更没有浪漫的行为，只有紧紧的拥抱，接着一起倒在那里，进入俩人的梦幻世界。

从那以后，我和富礼经常约会。但她生活在封建意识浓厚的家庭里，无可奈何，到那一年秋天，便远嫁他乡。

崔泰浩是因为喜欢我这一类的脸形，经常跟我这样讲：

"如果我也有跟你一样的脸蛋，我就没有什么其他愿望……"

我留宿在他家的时候,已婚的他睡觉时还紧紧拥抱我。平时,他到哪儿都一定会带上我。可是,崔泰浩也最后因当过左倾团体的头目被抓,死在监狱中。

后来,我得到父亲的帮助,得以到面事务所上班。开始我在账务科,后来人家说我的字写得很好,便把我调到户籍科。

有一天,我作为监督员到面里出资建造的水库工地,检查工程进展情况。附近少年监狱里的 50 多个少年犯到水库工程地干活。我在那里待了几天,了解到他们的情况。这帮不良少年都来自不同的道区,他们好像受到很大的刺激,都不愿意干活儿,只埋怨太阳走得太慢,聚在一起闲聊,怨天尤人,得过且过。而且,有的犯人一边思念故乡,一边望着月出山唱歌,唱得还不错。

"难舍难分我的港口,雾蒙蒙的我的港口,
我可爱的姑娘,依依不舍地站在船头。
大正啊大正,不要哭,你又勾起我对姑娘的思念。"

唱这首歌的孩子介绍说,自己从咸境道过来。我对音乐方面有点天赋,也很喜欢音乐,所以刚开始我虽然也对他们大吼大叫,骂他们都是懒鬼,但这几天听到他们的故事,跟他们学唱歌,在不知不觉中对他们产生了感情,开始怜悯他们。有一天,三四个孩子向我苦苦地哀求道:

"监察官大人,请你帮我们一把,让我们从这里逃出去。到时我们一定会报答你的。"

听到他们的话,我犹豫了好长时间。当时的司法制度尚未健全,如果能避开监察员的监督逃跑成功,就万事大吉,所以我决定帮他们一回。那天,太阳快要落山的时候,犯人们全部集合,要回监狱。我事先向他们说好，让他们三个走在队伍的最后面，当队伍走到半路时，我便向他们三个使了个眼色。三个孩子向我点头后，立刻消失在松树林中。到监狱，我向监狱长交接人员，监狱长点完名，发现缺了三个人，就跟我说：

"哎哟，怎么少了三个？"

我应声说：

"少了三个？"

"嗨，该死的家伙们！"

只说这一句话，再也没有下文。

青年民主联盟初创期，有一天召开村里成年人全体会议。我也到场，内容和青年民主联盟组织相关，一帮人开始瞎讨论，最后选出几个领导。曾经被征兵到过南洋群岛，在坪里算最早觉悟的李真万（当时35岁，身强力壮）被选为委员长。委员长任命几个人当各个级别的干部。被任命的干部不少，但是因为我们兄弟俩人讲的母语较差，就被排除在外。坪里的100多个年轻人大部分都没念过书，只有几个人小学毕业，所以这让来自富有家庭，并且接受过初中教育的我们哥儿俩觉得心里很不舒服，也很不服气。

我们兄弟俩去参加那次会议之后，决定以后不再跟着他们屁股后面玩，当他们的木偶。从此，我俩再也没去参加他们组织的任何聚会。

随着时间的推移，坪里完全被他们赤化。只有有时像大人一样，而有时又觉得很笨，还不失童心的金虎炫、马恒真、崔俊河兄弟和朴俊九以及我们兄弟俩被他们隔离。

有一天，马恒真和我们兄弟俩上了青年民主联盟委员长李真万的当，被带到洞廊，跪在众多青年民主联盟的队员跟前被他们批斗。他们对我们拳脚相加，甚至还用烟头烫我们。总之，我们受尽了种种折磨。他们说的理由很简单，昨晚村委会的墙上有人贴了海报，海报上面写着，"打倒我们的敌人——警察！"派出所里得知消息，马上派人追究，不让我们坪里人过安宁的日子。因此，他们就诬告我们，并对我们施加严刑拷打。最后，经过我父亲的百般谢罪，我们才回到了家。回家以后，我暗自下决心，一定要记住这个仇，将来一定要报仇。

我家里人从日本回国后，在短短几年内，父亲在生意场上遭到失败，加上青年民主联盟的打压等等，我家的家境滑落到最低谷。但是，这对我们来说，其实成了不幸之中万幸的事。要不然，我们会保不住自己的小命。

西瓜灯

1947年春天，我20岁。在月出山入口处，离坪里有一公里远的地方，有一个大家都叫西瓜灯的地方。在那里，有一个能让人联想起幽灵的草屋。父亲的一个朋友叫崔炫莫，他几乎不要一分钱，把这个草屋送给我们。我家便搬到那里住下来。

这个西瓜灯草屋的方圆一公里之内，没有人烟。草屋的后面有十几座古墓，太阳一下山，好像预告幽灵的出现一样，从远处传来猫头鹰的叫声，狼的嚎叫声，狐狸的哭喊声，让人觉得非常害怕。这个草屋里有两个房间，有几个砖瓦工人交了几分钱的租金，住在另一间房里。他们在沿着山脚，离草屋大约有300米远的地方盖砖窑，烧瓦，卖瓦。那几个工人中间，有一个人生下来就一只手上只有四根手指，我们都叫他'四手指'。他五十多岁。有一天，他一边长叹，一边跟大家说：

"这买卖其实还算很不错的，可是……唉，真闹心……"

他吞吞吐吐地说几句后，接着说：

"你们听我讲，前天我发现，不知道是谁弄坏了前些日子我们辛辛苦苦烤好的砖瓦。我昨晚为了探个究竟，去了一趟工厂。当我快到工厂的时候，听到几个女孩嘻嘻闹闹的声音。"

后来，四手指一伙被闹鬼吓坏了，不顾工厂，离开草屋消失了踪影。

还有一件事，那是我亲眼所见的真事儿。自从我们搬到没有人烟的西瓜灯里住下来以后，我到坪里找朋友们一起玩的次数越来越多。初夏的一天晚上，天上一片乌云，走在我旁边的弟弟突然跟我说，

"哥，你看看那边……"

我朝他手指的方向一看，在远处，好像是在四手指他们工厂所在的地方，突然升起一团足球那么大的蓝色火苗，迅速飞到我家后面的古墓里，在每座坟墓上跳过来跃过去，一会儿亮，一会儿暗，我当时吓坏了，后来才知道那是磷光。

我们在西瓜灯居住的时候，我家几乎倾家荡产。于是，我们专门为出入月出山砍柴的人卖米酒来维持生计，过了几个月以后，连这个小生意也无法继续下去。无奈，我们兄弟俩也上山砍柴，用卖柴火的钱买来粮食，维持一天一顿的盐饭生活。到了风雪飞舞的冬天，我们找到了宫顺和福德（福顺），通过他们的帮助维持了一段生活。那时候，父亲仍住在金春心的家里，而西瓜灯这边，住着母亲和我们兄弟，加上宫顺、富德、胜才，一共六个人。

那年秋天，孤身一人在坪里住的奶奶突然搬到西瓜灯来跟我们一起住。奶奶患上严重的胃肠病，当她被别人背到西瓜灯的时候，已经不能进食，几乎不能动弹。奶奶也预感到自己活不了几天，才到西瓜灯找我们。果然，没过几天奶奶就安静地离开了我们（1947年阴历十月二十日）。我们把奶奶安葬在背靠西、面朝东的鬼神砖窑旁边的山脚下。

姐姐长大后，变成一个大美人。可是在花轮线受伤后留下的

后遗症，使她一生的生活都过得很辛苦。回国后，姐姐原来和我们在一起一直住在坪里。后来，因无法忍受父亲的虐待，从家里逃跑后一直没有音信。

在日本，姐姐16岁的时候退掉了一桩很不错的婚事。当时叔叔跟她讲，和年龄大的人结婚才能会疼她，能过一辈子。姐姐听从了叔叔的劝告，便嫁给比她年长30多岁的男人。第二年，姐姐生下一个叫金吉仲的儿子后，就马上和丈夫离婚了。

令人意想不到的是，第二年春天，姐姐到西瓜灯来找我们。

姐姐见到家里贫穷的样子，不禁哭了起来。姐姐又悄悄地离家出走，到光山郡松丁里卖酒。有一天，身体虚弱的她走路时晕倒在路边，被一个叫金哲洙的年轻人救助。后来，她就跟他一起过日子。

当时，父亲和金春心完全脱离了关系。家里人经过商量做出决定，首先我们兄弟俩留守在家，其余的人按照姐姐的意思，搬到松丁里居住。过了几天姐姐回来后，家里人就跟她一起走了。那时候，弟弟成才每天对毫无办法的我哀求说：

"哥哥，我肚子好饿呀！"

每当那时候，我心里辛酸无比，又无可奈何。他们出发后，我就想，成才至少不会再饿肚子了吧，便暗自高兴。

我们兄弟俩再加上崔俊河俩兄弟、李宗道，一共5个人在离洞口有5里远的洞柏沟的烤炭洞里住下来。开始砍柴到集市上卖。

我们砍柴的时候，有时划破手指，有时在脸上留下伤口，干一天也只能砍两捆柴火。我们把柴火背到集市上卖，换来的钱只能够买一天的粮食。可以想象得到，那一段日子，对长到这么大从未干过体力活儿的我们来说简直难以忍受。那时候,其他人背上一捆柴火,一口气能走四五百米,但我们几个才背半捆柴火没走100米便开始叫苦,就停下来歇息。有时感觉自己身上背的不是柴火而是沉重的钢铁。有时我们竟然哭了起来。这种生活持续了一个月,有一天李宗道去洞口弄粮食,遇到了令人意想不到的事。

当时,地方的赤色分子们抵挡不住警察的穷追猛打,都躲到月出山里,开始游击战。

那一天,出来转悠的搜查队里的两个警察正好发现李宗道,误以为是游击队队员,便逮捕了他。在李宗道的带领下,他们来到了烤炭洞。到洞口,他们开始朝里边大声喊:

"里面的人听好啦。你们举起双手,出来!"

听到警察的叫喊,我们吓坏了,便举起手,乖乖地从洞里走了出来。出来一看,一个警察在稍远的地方手里端着一把99式日本步枪,正瞄准我们时刻准备射击,而另一个警察手里拿着一把铮亮的日本刀。我们不知道发生了什么情况,害怕得发抖不已。这时,手里拿日本刀的警察到里面仔细检查后拿着我的笔记本出来。我白天砍柴,晚上点亮松明,看书学习。那个警察看完我的笔记后,跟我们说:

"这是谁写的字,真的是一手好书法啊!"

然后,看了看周围堆积的柴火,再查看看我的手,又说:

"像你们这种人在这里砍柴……"

说完,再也没找我们的麻烦,直接回去了。

从那以后,我们把柴火装在牛车上,拉到集市,路过派出所前面时,那个警察就会跑出来,紧紧握住我们的手说:

"你们太辛苦啦!"

我埋怨自己不幸的命运,开始思考我为什么在洞栢沟必须要砍柴。弟弟还行,能背重重的柴火,所以我没带弟弟独自到坪里找亲戚朴仁会,向他诉说自己的难处。听到我的话他说:

"那你先在我家住几天吧。"

后来,我就住在他家,早晚割草,劈柴火,把粪便搬到田地里等等。我干的那些活儿也算是重劳动。结果,我在他家里干了几个月的长工活儿。

新德招来天破经[1]

1948年春天，父亲过来找我们，要带我们回去。

我紧紧抓住父亲的手，难以忍受悲伤后哭了。我们找一个砍柴的人，给这些天一直住在洞栢沟的弟弟捎了信，叫他到我这里来。第二天，弟弟来到我这里，我俩穿着破烂的单衣，为了省下车费，徒步向130里外的松丁里出发。

当时父亲有50岁，他的心态和性格完全变了。我们小的时候，父亲严格要求我们，让我们很惧怕他，而现在他变得很柔弱，自暴自弃，有时候甚至还依赖我们。在漫长的行进途中，父亲每次听我们讲的故事或者愚蠢的提议，无条件地表示同感，

"对，是的，应该是那样。"

父亲到松丁里住下来以后，在短短一年的时间里，经济上遭受失败，也许在心理上受到很大的打击。父亲年轻的时候，依靠自己得到的祖上留下来的遗产，以及活泼的性格，在西湖面一带，称霸一时。这个村和那个村打群架的时候，他总站在最前边，挥舞着旗帜指挥。他参加所有的摔跤大会，都拿到了冠军，

---

[1] 天破经是周易里的一个术语，一个人生辰八字里如果有五杀三害之坏运，念经颂佛，才能化解厄运。

出手也大方，喝酒海量，追女人有一套，是典型的花花公子。记得有一次，我到过父亲成长年代待过的西湖面梦海里的一家酒店，闲聊之中我一提到我的家庭情况，酒店里的老奶奶跟我说：

"哦，你们原来是朴富翁家里的子孙啊？"

接着，老奶奶跟我讲述父亲过去的故事。

父亲的尊姓大名为"灿虎"。我听别人讲，父亲年轻的时候能把天上飞的鸟打下来，而即将把接力棒要传递给我们的时候，他为什么变得如此懦弱了呢？父亲曾经为了让我们过上好生活，拼命干活，现在却为什么变得有气无力，自暴自弃了呢？想到这里，我既觉得父亲很可怜，又觉得父亲是那么地好。

中途，我们路过荣山浦的时候，买了几个烙饼，填饱肚子继续赶路，很晚才到达松丁里。

母亲的身体很消瘦，出来见到我们，也不知道跟我们说什么话才好，只有以泪洗面。

我们租一间6尺长的长方形房子，兼做商店。房间的一半铺了木板，当卧室来使用，而另一半用作商店，卖米酒和药酒，出售烤得特别难看的馅饼。村里的人过来喝酒，偶尔路过的行人也过来照顾我家的小生意。离家有50米远处有松丁里小学，那里的学生们经常过来买馅饼。我家的商店很破旧，自然难以卖掉那么难看的馅饼。8口人的糊口问题真让人头痛。

一到晚上，只有半平米大的房间里的木板上，每个人几乎坐在那里，睡一晚上。等到天亮，却很难得吃上一顿大麦饭。饿了一整天，还期待晚上能吃上大麦饭，但商店的东西卖不出去的时候，又得挨饿，坐在那里过夜。第二天醒来，有时还头晕目眩。大家都因为营养不良，脸色苍白。母亲每天早起，到铁道边捡来焦炭当作燃料。后来，每当我坐火车路过的时候，当年母亲在路边跪在那里捡焦炭时苍白的脸历历在目，心如刀绞，让人禁不住掉眼泪。

我们居住的新德里坐落在离松丁里有300米远的南边。我们家住在村里十字路口的理发店旁边。十字路口对面有美军的补给仓库，从那里向驻扎在湖南一带的美军运送货物，周边有不少美军车辆，热闹非凡。

当时美军刚过来，美国士兵和工作人员经常向铁丝网外扔旧军衣，用垃圾车运出各种大量军需物资，所以周边的中介人从中赚不少钱，他们花钱如流水。况且，当时如果谁能讲几句简单的英语，就可以马上和美国士兵交上朋友，能随便买到各种物资。

有一天，父亲经别人介绍，认识一位叫做赵相玉的补给仓库的翻译。于是，为了能给我们找一份工作，父亲带领我们兄弟俩到后门，跟一个哨兵问，

"嗨！你认识赵相玉吗？"

哨兵马上反问父亲，

"谁（Who）？"

然后，双方都变成了哑巴。父亲感到很不自在，又觉得很可笑，只笑了一下，但我们却前仰后合地笑了起来，美军哨兵也跟着我们开怀大笑。

过几天，得到赵相玉的帮忙，我们兄弟俩到那里当了工人开始干活。在那里像男仆一样轻松的活儿连想都不敢想，我们一直干苦力活儿。每天不是给货车装卸煤炭，就是搬运市场的白铁或者破木材。偶尔进仓库给车装食品或者什么物资，每当干那种活儿的时候，就随意能吃上仓库里满满的巧克力、饼干、罐头等食

回　国 51

物。虽然我们能随便吃很好吃的饼干，随意搬弄物资，但因为出入口的哨兵每天都仔细搜身，所以我们无法带出来任何东西。如果一旦被哨兵搜出来哪怕很小的东西，立刻会遭到解雇，无论任何人都将被押送到美军的刑事侦辑队。

这个补给仓库分成工作间和保管仓库，每当从美国本土运来大量物资或者从那里向美军基地运出物资的时候，50多个工人进入仓库里做装卸作业。从工作间不能带出来哪怕一张小纸条，但大家一进入仓库就想尽办法偷点东西。仓库的各个角落里设有由油桶制作的垃圾桶，翻翻垃圾桶就能发现男仆们利用垃圾车想偷到外面而藏起来的东西，就是那些美军士兵们用过后扔掉的，但仍可以再用的东西。

有一天，我在想，"偷盗的东西另当别论，可是捡垃圾桶里的东西就不算犯罪吧。那么以垃圾桶为挡箭牌能尝试一把"。

补给物资运来的那天，我进入仓库，用脚踩扁两块力士香皂和两个罐头，然后卷在报纸里面要带出来。我走到门口，正好发现"狐狸皮"在哨兵的旁边监视下班的工人们。

哨兵仔细地搜查下班工人的身子。那个被我们称为"狐狸皮"的家伙是我们工作间的负责人，是一个极其恶毒的家伙。另外，还有我们起"纸老虎"绰号的总监。当然他们没有殴打过我们，但形象却相当于我们从电影里经常看到的那种挥舞着鞭子打苦力的监督员。

哨兵搜身的时候，连一个小木块也不放过。当我正要从容地手拿报纸走出来的时候，哨兵叫住了我。哨兵看到我手中的报纸，喊了一声：

"该死的！"

听到哨兵的喊声，身旁的"狐狸皮"瞪大眼睛，朝我走过来。我立马在地上写了"Trash（垃圾）"，

"Trash？……OK。"

他一边说，一边拍打我的肩膀，朝我笑一笑。

也难怪，当时用几句英语就能当翻译，我直接写几个字母来向他们表达意思，况且是一个工作间干活的普通工人。遇到这种情况，远离家乡，在异国土地上的他们也觉得新奇。

用相同的方法我偶尔带出东西来，却一次也没被他们抓住过。

工作间里干活的工人们的报酬非常少，一天的收入相当于能买到一斗米，但因为当天干活，当天发酬劳，所以我们手中都有点小钱。平时用自己赚的钱从车站的小商贩们那里买十块钱一串的土豆串或者是玉米串来垫一垫肚子，然后再去上班。

我在那里上班不久，就发生了丽顺叛乱事件。

驻扎在丽水的韩国陆军第14连发动叛乱。这次暴乱由赤色分子发起，他们占领顺天，到处放火，杀害数千人，严重破坏了社会公共财产。政府向全国发布警戒令，各地开始组建义勇团。新德里支队设在十字路口的理发店里。在邑里有名望的朴大奎被任命为支队长。

被命名为"大韩义勇团"的这个团体从黄昏时分开始，由村民们组成十几人一组的小组，隔一个星期轮流值班。顾问、支队长、副支队长、总务、财务部长以及各班长被任命为各小组的组长。我被分到第二小组，小组成员们不是农民就是生意人或打工工人，大部分人都没有文化。支队长朴大奎每天晚上到办公室工作。那时候受叛乱的影响，社会治安很差。义勇团大权在握，无

回　国　53

论是醉汉还是违反戒严规定的，只要发现有异常举动的，都会被抓到支队办公室里，不问青红皂白就开打。朴大奎这个人，身高马大，非常凶狠，不管嫌疑人有什么情况，也不审问，先打完再说。

那么冷的冬天，我们兄弟俩只穿旧背心和麻布短裤，脚穿破胶鞋到外面，因此不仅是村里人，还是队员们都根本瞧不起我们，甚至蔑视我们。

从晚上6点到11点值夜班，下班后要到支队本部提交报告书。虽然朴大奎下令让队员们提交书面报告，但没有一个队员具备写报告的能力。

"哈哈，这可怎么办？在咱们这个支队里会写字的难道一个也没有吗？"

然后，他向10多个支队队员一一询问。可他没跟衣衫褴褛的我们兄弟问起，于是我向前走一步，跟他说：

"支队长！我写字不太好，但我会写。"

我这么一讲，全体队员们用莫名其妙的眼光看着我。支队长走过来，跟我说，

"哦，是吗。你叫什么名字？"

"我叫朴湧在。"

"你叫朴湧在？很好。"

支队长半信半疑，站在那里只是笑一笑。

我按照普通格式开始写报告。支队长站在我身边看到我的笔迹，连连叹服说：

"哦，太棒啦！你写得太漂亮了。我应该把朴湧在任命为总务部长。"

他是一个急性子的人，马上向支队队员下命令：

"你赶快跑到我家，取来我的伯贝里大衣和哔叽裤子。"

过一会儿，支队队员取回衣服，朴大奎就给我衣服说：

"接住，你赶紧穿这身吧。然后拿报告跟我去总部一趟。"

跟支队长走了十几分钟后到了总部。我到总部一看，包括金英熙团长在内，他的兄弟组织部长金英默、监察部长崔仁出等人正在那里开会，还有来自各支队的很多人。朴大奎到团长面前，跟他打完招呼后介绍我说：

"团长，我给你介绍一个人，他是今天我们刚任命为新德支队总务部长的人。写一手好字，他能跟韩石峰媲美。"

"呵呵，确实写得好。那我们就叫他现代版韩石峰吧。那他应该是活着的文化遗产哟……"

他看我写的字，一边笑一边夸赞我。于是我当了总务部长，每天晚上值班。

有一天，我无意中横穿站区内马路的时候，被通运公司的装卸工叫住。他抓住我的手说：

"你这小子，是过来偷东西的吧？你敢到这种地方来？"

然后狠狠地扇了我几下耳光。那时候我力气小，又是误入站区犯了错误，所以被那个印象极坏的家伙打了也没吭声。他出手很重，当时我就觉得耳朵嗡嗡响，脸上也肿了一块。

后来有一天，那个装卸工出来值班。我装作不认识他，他就不停地看我眼色，找机会想跟我道歉。

我负责各项工作的整理，村里人们都叫我总务部长大人，待遇也明显好多了。

村里的人轮流给值班的人送来晚餐。每天值班的人一共有10

多个，但送来的饭菜足够 20 个人吃饱，可是大多数人都不吃。了解我家情况的人，争先恐后地把饭菜送到正在旁边的我家中。那些送来的晚餐保证我们一家人吃一顿。

　　这样的日子持续了 3 个月。期间，朴大奎支队长处处关心我。有一天，他跟我这样讲：

　　"总务部长，昨天我去了一趟法务处，见到了处长。他是我的朋友，我跟他详细地讲了你的情况，求他帮忙。他跟我说：'你那里藏着这么个人才，就介绍给我吧。最近，我们法务处工作很忙，缺人手，过来帮我们做几天工作，如果情况不错，我打算把他录用为文官'。日本人在的时候，如果是高级文官很有威风，脚穿长筒皮鞋，佩带军刀……小树得不到大树的照顾，但小人物能得到大人物的关照。总之，将来你别忘了我就行。"

　　听到他的这一番话，我心一颤，眼睛一热，热血翻腾，紧紧地握了握拳头。

　　"非常感谢，大哥！我不知将来怎么报答你才好。"

　　我跟他表达我的谢意，但我能感觉到自己说话的声音颤动得非常利害。

　　第二天，我穿支队长带过来的橘黄色西服，看起来像个猫头鹰，但也跟村里先生没什么两样。上午 11 点刚过，我们到达了位于光州锦南路中部的一座雄伟的建筑屋前面。我跟着支队长到二楼，推开处长办公室的房门走进屋里。有一个佩戴三个纽扣般大的国旗徽章的人接待我们说，

　　"你们来啦！"

　　然后，他和支队长紧紧握手，指着沙发跟我说：

　　"你说的是这一位吗？请你过来这里坐吧。"

"我听支队长介绍你了。你先在我这里帮我们法务处干活。我会好好地报答你。"

我立即被人带到楼下一间很宽敞的办公室。那里有五六个长官在认真工作，气氛很严肃。

"让他打印名单。"

一位少校马上递给我一份丽顺叛乱事件处理名单。名单上有数千人，大部分都被判死刑、无期徒刑和二三十年的有期徒刑。我花了一个星期的工夫，昼夜工作，完成了它。我第一次做这样的工作，手有点发抖，很不自在，但长官们都夸我写的好。

做完法务部的活儿，处长和我一起坐吉普车去了陆军第20连。进入连部，我见到一个叫李大善的连长，处长向他介绍我。

"他就是上次我跟你提到的人。这几天忙着处理判刑名单，今天才过来。他是非常优秀的人才。"

"哦，是吗？我们欢迎你，请坐。"

连长面带微笑，给我倒了一杯咖啡后说：

"从今天起你是一名文官。希望你好好工作。"

我的办公室就在连长办公室的隔壁。20连连部里有数十名家属，还有叫崔基济和郑光俊的两位文官。原本，国军由国防警备队来安排文官，而警备队的规模和权利较小，所以和警察频频发生打群架，甚至发生相互开枪的事。我被授予文官职位的时候，部队刚改编成大韩民国的国军，相当有威风，因为曾经和警察经常发生矛盾，所以国军开始向他们肆意实施报复行为。当一名派出所所长通过国军警备哨所时，首先要停下来接受检查。有时一个新兵也能无缘无故地扇所长的耳光，所长也不敢吭气，在原地只有发抖，只能灰溜溜地逃跑。

那时候，文官享受军官待遇，很威风。当时，士兵们只能吃酱汤饭，而文官到军官餐厅可以享受西餐，咖哩饭，日餐等美食。单位离家有20里远的路，我每天坐吉普车上下班。除了每月能领到相当于大尉级别的工资以外，还能得到一袋白米，一坪柴火，以及一些副食品。

士兵们见到我，都朝我举手行敬礼。义勇团成员或村里人，见到坐在吉普车里面的我，也向我行敬礼，还有人甚至给我行跪礼。有一天下班时，我从吉普车上下来，到旁边的义勇团办公室转一转。值勤队长见到我说：

"文官大人，您下班了吗？"

我也一边鼓励他，一边说：

"是的，你辛苦啦。"

那天，曾经把我当作乞丐，扇我几个耳光的通运的姓河的装卸工也在值勤。他见到我，先摸自己的鼻子，再指向地面，给我演示下跪的样子，给我道歉说：

"文官大人，以前我真对不起你。"

我们在文官办公室编写特殊命令、作战命令等秘密文件。每天工作一个到两个小时，其他时间没事可做，所以过得很轻松。我家里的生活很快有所改善，我们用一个月的工资，租了一套房子。这个消息很快传遍整个坪里。

可是有一天，我最不想见到的人出现在我家门前。他穿白色的单衣和单裤，背一个包，在我家门前来回走动。仔细一看，原来是青年民主联盟委员长李真万！我吓了一跳。李真万笑嘻嘻地走进屋来。

那时候，霙严郡一带的青年民主联盟成员们，被警察赶到月出山，搞游击战。而李真万是游击队的组织部长。他想找我帮忙。

我们俩好久没见面，我装作欢迎他。跟他寒暄几句后，我突然感到自己的身体有点颤动，激动不已。我心里暗想，"我报仇的机会终于来啦！"李真万向我开始介绍他们的情况，一共有七八十个坪里人上山当游击队队员，谁谁已经被警察打死，自己担任组织部长，等等。他说今天过来找我的目的就是想放弃这一切，找一个安静的地方做小买卖。

我趁黄昏时分，和韩青的监察部长崔仁出取得了联系。过一会儿，他和安全员李某一起闯进我家，给我们出示自己的身份证以后向我俩说：

"对不起。请出示您的的身份证，请问谁是这家的主人？"

"哦，您真辛苦。我是这家的主人……"

"请你出示身份证。"

我从上衣口袋里掏出文官证递给他看。

"哦，失礼啦。其实，我们收到不良人员进入我区的情报，全体人员现在出来搜查家家户户，找危险人物。对不起，请这位也出示一下身份证。"

李真万当场被吓坏，脸色立刻煞白，做出不太自然的异常举动。崔仁出歪着脖子说：

"不好意思，请你跟我走一趟。文官先生，对不起。"

"这位是从农村过来找我的客人。有什么问题吗？"

"我们就询问几句，您放心，我会负责送回来的。"

"文官先生，不好意思，我现在执行公务。"

就这样，李真万被他们带走。

过一会儿，李安全员上气不接下气地跑过来跟我说：

"文官先生，总部的人叫你去一趟。"

我立刻到总部，眼前的一切让我惊呆了。李真万趴在地上，屁股被棍棒打得白色单裤上沾满了鲜血，他的手和脚正在不停地抖动。

崔仁出见到我说：

"喂，你犯了窝藏犯人罪。你怎么跟这种家伙来往呢？刚才在你家我问你的时候，你说他叫李真万，是从乡下来的朋友。可他却说自己叫李秀峰。你们给我狠狠地打！"

李真万没顶住严刑拷打，终于坦白了自己是月出山游击队组织部长的事实，以及隐藏游击队的地方。步兵第20连立刻乘坐数十辆军车出发，约有80个游击队员被全部打死。

后来听到消息，在那次扫荡中，从坪里上山的年轻人全部被杀害。我一边想起曾经一起玩耍的朋友们，陷入沉思当中。不懂事理，天真烂漫的故乡朋友们！春天撒种子，夏天除草，秋天收割，冬天在西厢房打绳子砍柴，如此在农村和平相处的故乡朋友们！一直到那个时候，我对思想啊、主义啊等问题漠不关心，当时我的处境也不适合我来考虑这些问题，但朋友们毫无意义地被打死的事实，却让我心酸无比。

这样以来，月出山上的游击队完全被清剿，但李真万以自白为代价保住了小命，并得到特殊安排，送到光州地区的保导联盟（这是对左倾人员实施洗脑的团体。"6·25战争"爆发时，在人民军经过的地方，在这些保导联盟员的带领下杀了不少左倾分子，所以人民军到达之前，有些地方撤退时集体杀掉了保导联盟员）。这个安排给我的带来了很大的疑惑和不安。

诱 惑

那年9月份，上级取消了我们三个文官的职位。我们三个人得到一个特殊的命令，上级要求我们，要么被编入现役中卫，要么辞职。在这个紧要关头，全家人聚在一起，开了家庭会议，最后经过一番讨论，做出我转到现役中卫的决定。可是我总觉得这事非同一般，有必要和朴大奎商量。于是，我找到他，并告诉他家里人做出的临时决定。听完我的话他就跟我说：

"那样做也好！不过我还有一个主意。现在松丁里没有一家印刷所。我想以韩青为后台，再跑跑腿，就可以揽过来不少印刷订单。借此机会，我们何不做这个生意呢？你觉得如何？"

听到他的提议，我马上产生了浓厚的兴趣。

当了几个月文官的日子里，我把自己学到的印刷技术和自己的天赋结合起来，得到了完美的效果。解放后，印刷业内缺乏韩字活字的绝对数量，印刷技术也没有得到普及，印刷所数量屈指可数。通常由印刷所来负责印刷大部分印刷订单，甚至有时还能接到几货车的教科书的印刷订单。因此，我们协商好做这个生意。可是我们的想法完全错了。

那时候，转役的两个文官后来晋升到大校。而我辞职以后，立即在朴大奎家开办印刷所，但没过多久，印刷所便陷入困境。

回 国 61

刚开始，跟我们当初的设想完全吻合，我们收到了大量的订单。这让我们兴奋不已，昼夜开足马力工作。可是，原本朴大奎就是性格暴躁的人，花钱如流水。他能揽过来大订单，但以社交费为名，一收款就花掉全部的钱，而且天天喝得酩酊大醉。他在市内各个酒吧里都有赊账，这些债务都已经变得很大。创业时我们决定分担技术与销售，刚开始生意也兴隆，所以朴大奎根本不理睬赊账，性情也变得越来越暴躁。还没到半年，印刷所已积累了巨额债务，每天印刷所里催债的人接踵而至。

托朴大奎的福，期间我还结识了一家酒吧的李虎盛。李虎盛为收款经常来印刷所。他是一个出了名的赌棍，自己手中只要有值钱的东西，他就马上去赌博。那时候，政府制定了严格的留宿申报制度，以便搜查出赤色分子。我们为了印刷数十万张留宿申报表订单，正在昼夜奋战。有一天，李虎盛带来不少戒指、项链、手镯等饰物，求我给他换5万块钱。

他说自己被卷进一个案件，今晚之内不送礼，明天一定会被抓进监狱里。今晚他解决这件事以后，明天一定一起到市里，把东西卖掉后还钱。当时的5万块能买一套房子，饰物的总价超过10万块钱。于是，我连夜去找认识的一个叫做李铁俊的护国军军官，向他典当那些饰物换来了现金交给了李虎盛。第二天清早，才发现那些饰物全都是假的。李虎盛辗转赌场，隐藏得很深，完全不可能找到他。我上当受骗后，李铁俊天天过来催债，加上经营上遇到困难，最后印刷所只好宣告破产。

6·25 战争

那一天是 1950 年 6 月 25 日。

战争终于打响。

政府通过各种广播网企图稳定民心,但是随即首都首尔被攻陷,人民军以势如破竹之势推进到水原、平泽、大田。刚开始,人们还以为,战争顶多在 38 线附近来回进行拉据,没当回事。随着时间的推移,越来越多的人们的头上笼罩着惊恐不安的气氛。

到了 7 月中旬,逃跑的国军士兵脱掉身上穿的军衣,只穿背心和短裤,一边跑一边说:

"他们已经占领了大丘、全州,继续南下的势头太令人恐怖。"

到那时候,我才真正感受到大韩民国彻底战败了。那天晚上,警车经过召村里的街道,播放通知,路上有大量警察在警戒。

"从今晚 7 点开始戒严,请大家遵守戒严规定。"

我顿时有了不祥的预感。后来才知道,那天晚上,警察用铁丝把保导联盟员绑在一起,用军车弄到召村里后山全部杀死。

7 月 20 日,松丁里各机关的干部们开始撤退,由警察骑兵队垫后。

我心里充满疑虑,不知将来会发生怎样的变化,只能呆呆地窥视势态的发展。7月23日晚上,手里端着转盘枪和步枪,肩上扛着机关枪,几个人一起扛迫击炮的长长的人民军队伍经过召村里的马路。中间也能看见苏制吉普车和坦克,但是从他们身上看不到一丝战胜部队的威风,队伍中有不少腿脚不方便的伤病员。另外,我们一眼就能看出,大部分士兵们由于连续多日的强行军,已经疲惫不堪。

我躲在家里,从门缝里看外面的情况。等到天亮,我们和村里的人一起向后山避难。正好发现杂草丛生的地方有一个山洞,于是决定在里面待几天。不少住在附近的村里人也躲到山洞里来。偶尔,人们到村里取粮食,打听一些消息,回来告诉我们。我们兄弟俩竖起耳朵,仔细听着他们的话。人民军不杀无辜的人,也不威胁老百姓,非常守纪律。

听到那一句话,大家悬着的心立刻沉静下来。有些人鼓足勇气,到村子旁边的小河里洗澡。当我弟弟刚刚从河里面爬出来,走到岸边时,突然在周边搜查的学生联盟员们大喊:

"这里有人啦!"

然后,他们猛然扑过来,绑住了弟弟。来了五六个学生,还带一把卡宾枪,也有的手里握着警棍。

见到这个情况,我突然差点晕过去。我当过护国军,虽有罪,但不能只看着弟弟被他们拉走。我出去呢?还是待在这里呢?我犹豫一会儿下了决心,要死也要一块死。然后我就从水里面爬出来,往前挪动身子。

"嗨!他是哥哥。一块儿绑走!"

说完，一些人立刻扑过来，也绑住了我。我跟他们说：

"喂，我是自个儿出来的，不要担心逃跑。会跟你们走的。"

士气高昂的他们向我喊叫：

"废什么话，你这家伙！"

天色已黑，但我可以瞧出来他们这些学生联盟员的身份，他们都是松丁里某某人家的孩子们。后来才知道，那帮学生们抓我们的理由是，富顺曾经向她的朋友们炫耀自己的哥哥是一名文官，还讲了李真万的故事。她的朋友就是这些学生们的妹妹。我们兄弟俩被绑着，带到光山派出所。

光山派出所正门上早就挂起来"光山内务署"的牌子。自"6·25战争"爆发以来，7月23日，人民军发动了全面进攻。才过两天的时间里，所谓的内务署变成地方左倾分子的执权场所，署内无法无天，杀气腾腾。我们被带到二楼，那里还有先前被抓来的20多个人，都坐在椅子上，焦急地等着自己的审讯顺序。有一个警察出来指着弟弟说：

"他是谁？"

学生们马上回答：

"他是护国军下士。"

"护国军？嗯！放他走！"

这样，弟弟获得了自由身。出去后他马上消失了踪影。当时，我一看到弟弟被放走，高兴得不得了，弟弟也不住地回头看了我几眼。

一个年轻人被审问完毕，他说自己也是现役军人，于是他也被释放。然后，轮到我了，我因恐怖不安，禁不住发抖，脸色苍白。文官的罪不算严重，但总担心李真万的事会出问题。学生们

回 国 65

一边看我，一边向几个警察悄悄地说耳语。快要开始审问的时候，突然坐在对面的一个警察飞奔过来，抓住我的头发，胡乱地摇动后向我叫喊：

"好哇！这家伙是最坏的一个！"

他是警察班长，是某小学校长的儿子，一名大学生。他依靠家里富裕的经济实力，目中无人，颇有权势。有一次，他因违反戒严规定，被韩青值勤人带来，但他拒绝下跪，便被朴大奎毒打了一顿。因而一见到受朴大奎支队长宠爱的我，就把自己的私仇转移到我的身上。

他向警察主任强调了我的情况。于是警察主任马上说了一句：

"哼！是吗？这种人没必要审问。立刻拉出去，毙了（直到今天我一听到'立刻'一词就浑身发抖）。"

校长的儿子自以为抓住了千载难逢的机会，上蹿下跳，但是我将自己无辜地遭受迫害气得喘不过气来。更让我吓一跳的是，下命令立即枪毙我以后，他又喊了一声：

"因为这家伙告密，我们的几十名同志白白地牺牲了。"

听到这句话，我突然眼前一黑，浑身无力。我很无奈，但随即也做好了死的思想准备。这时候突然有几个人嚷嚷：

"警报！警报！"

大家一哄而散，都跑到楼下。二楼马上变得空荡荡，这对我来说是绝佳的逃生机会。

我马上跑到楼梯中间，但又停下来，站在那里想，逃不逃？如果逃跑，又被他们抓住怎么办？假如成功逃出去，但外面都是他们的天下，我还能逃到哪里去？在这生死存亡的紧急时刻，我始终下不了决心。

正门门口吊着一盏灯,格外明亮,广场集合的人群们闹哄哄的。这时有几个人匆匆忙忙地在一楼和二楼之间跑上跑下,也没人理睬站在那里犹豫不决的我。

快点逃跑!快点逃跑!逃啊!我的大脑不断向我的躯体发出要我逃跑的指令,但我的脚依然不听使唤。这时候,警报很快解除,大家又要重新回到二楼,我只好先跑回二楼。

一开始审问过我的家伙上楼看到我以后,跟我说:

"你到这里来!"

然后,把我带到楼下,一走入走廊里,便给我几拳,并跟我说:

"听说你是最坏的一个,今晚时候不早了,明天天一亮,你就完蛋。你知道我是谁吗?你这个狗杂种!"

说完,又对我拳脚相加。走到狱房门前,向一个看守讲:

"这家伙是最坏的一个,你给我看好他。"

交接完毕就不知去向了。

我被押进四个狱房中的第一个房间。走进漆黑的房间,我不发出声响,先看看里面有什么动静。大约过了十几分钟,原以为房间里只有自己一个人,忽然我听到有一个人的叹息声。可是我现在已经断了念想,知道自己明天就会去见阎王爷,根本没心思管别人。那时候,我特别想念从未和别人一起生活过的父母亲和兄妹,也因临死前无法跟他们告别而恨自己不幸的命运,同时过去的一切向幻灯片一样从脑海中闪过。

快到凌晨的时候,不知是谁被送进第二号房间里。天刚一亮,我又被转移到第二号房间,里面有宋林女子中学的校长,他是以反共教育鼓动者的罪名被抓进来的。要是在平时，同在一个房间里的犯人之间会互相通报姓名，通过聊几句话就能了解到各自所犯的罪名，但是被监禁在这里的人都确定自己已被判死刑，从这个心理阴影中无法解脱出来，只有低着头，不管别人的死活，呆呆地坐在那里。

那天，被抓进来的人里包括住在长盛的二十七八岁的年轻人和有点面熟的韩青面支部的一个干部，一共七八个人。

过了5天以后，原来当过护国军少尉，来自新村里的朴炫术，被人们叫做辣椒粉的光山派出所搜查科的徐治民和监察科崔炳万警察、净光初中纪律部长李大棚以及韩青总队长金英熙和他的弟弟组织部长金英默等，我认识的很多人都被抓了进来。又过了15天，监禁10个人的狭小的一个房间里，监禁了约30个人。人多有力量，原来垂头丧气的人们又变得稍微坚强起来。金英熙开始发挥自己的领导才能，要求大家加强团结，并通过各种秘密渠道收集外面的信息。

"请大家注意，听我说几句话吧！他们不会轻易夺去我们的生命的，大家不要泄气，先做好心理准备。"

他讲这些话，是提醒大家不要放松警惕。

金英熙兄弟俩始终没有放弃勇气，表现得非常勇敢。偶尔，以美国为首的联军的飞机中队飞过来朝地面扫射的时候，狱房外的很多人都为了活命逃之夭夭，而金英熙兄弟却向他们大声喊：

"一帮胆小鬼们！不要只顾自己。把钥匙扔给我们再走啊！"

这时候，金英默也像一个凶恶的大猩猩一样，抓住狱房铁窗的窗棂摇个不停。

通过秘密渠道各种信息即时地送了进来。在罗州、务安等地方，几天前召开人民宣判大会，每次把犯人拉出来判决时，左倾分子们尤其是气急败坏的保导联盟员的遗孀们受到心理的驱使，大声叫喊：

"对，没错。那个家伙也该死！"

在各地举行令人恐怖的人民宣判大会以后，我们也得到了不久在光山郡举行宣判大会的信息。

我被监禁以后大约过了一个月的时间，在那狭窄的一个房间里送进来五六十个人，房间里密密麻麻的。那时候是炎热的8月份，每个人都汗流浃背，身上长满了痱子，非常难受，但在那个狭小的房间里连动一动手指的余地都没有，自然没法挠痒痒。

从那时开始，局势变得更加恶劣，监禁在里面的人整天惶恐不安。每天晚上，就有人过来朝里面喊：

"下面我来点名，被点到人出来一下。这个房间里已经满员了，一部分人将转移到更宽畅更自由的光州监狱！"

然后，看守就开始点名。从每间房间中被点走几个人。被点到名字的人立刻脸色煞白，走路都摇摇晃晃。他们出去以后，用铁丝绑起来，用货车送到小村里后山上早已挖好的坑里，而不是去光州。这种信息很快就传到监狱里面。

被点名的人都是那些要么和别人结下了私仇，要么做过奸诈的事，在社会上不受好评的人。我的心态和别人比起来更不安，那个校长的儿子一有空就跑到监狱里闲逛，仔细查看每个房间，看到我就大吵大闹：

"那个狼狗（那帮家伙们叫警察为黑狗，叫国军为黄狗，叫特务为狼狗）怎么还活着呢？这种坏蛋早应该干掉。"

所以，我很讨厌见到他。

有一天晚上，有人过来点名。

"张三，李四，朴涌在，崔六！"

听到我的名字，顿时觉得头晕眼花，浑身无力。

"完啦！"

被拉到外面的一共有十几个人，我们被带到二楼的仓库里。

在那里，我们第一次接受正式的审问。审问我的家伙是光头，好像是学生，鹡鸰眼，尖鼻子，嘴唇很厚，有一副熊脸。我心中满怀期待，被审问完以后自己能被释放。

先记录本籍、住址、年龄、职业、学历、家庭情况等常规内容以后，正式开始审问。

"你要老老实实地坦白自己的罪过！不然别想出去啦！"

"是！去年我当过文官，另外没干什么特别的事。那份工作也是因为受不了挨饿才找到的。"

"怎么，你还敢骗我们？我们对老实坦白的人会宽待处理的，就看你们的表现和决心决定释不释放……你认识一个叫李真万的人吗？"

这一句话，立刻击中了我的要害。

"我不认识。我来这里之前……"

"好啦。知道啦。那你先到那边去坐吧！"

这样，对我的审问很快就结束。

在我们几个人当中，有一个体格健壮的人说自己是警卫。

"警卫同志！你在警署是不是经常欺负人民？从现在开始，对我们的提问你要如实交待清楚。"

可是那个警卫咬紧牙关不开口，只看窗外，用沉默来对待他们的审问。

"你真打算不回答我们的话？"

警卫转过头来怒视着审问的人。

"看什么看？看来你这个人欠揍啊！"

他还是面无惧色，泰然自若。

"你的籍贯？"

他仍装着没听见。

我们在一旁看到了这一切，心里佩服他勇敢的行为。这时，警卫突然大声开口说话：

"你们烦不烦人？没完没了。不要跟我问任何问题！我是在法制国家里遵守法律，忠于职责的人。到现在这个时候，联军可能已经过太平洋采取了反攻。你们以为联合国安理会知道你们所做的非法的恶行会置之不理吗？再过一个月以后，我们等着瞧！就你们……"

审问的人没有继续问下去，看到旁边的我们，自己也觉得不好意思，就出去了。

简单的审问结束以后，我们又被带到有一间仓库里。进门一看，被眼前的情况惊呆了。

仓库里摆满了警棍、棒球棒、水桶，有好几个刑架。一会儿几个人被倒挂在刑架上，又有几个人被绑在柱子上。即将要上演非人道的，令人恐怖的拷打剧。过一会儿，身体结实的五六个人闯进仓库，各自选择家伙，有的挑棒球棒，有的选水桶，开始靠近目标。

仓库里随即响起几个人的惨叫声。几个人争先恐后地挥舞着棍棒，被绑在柱子上的人身上立刻涌现出血来。他们用毛巾遮住倒挂在刑架上的人的脸，向他们的鼻孔里倒入大量的辣椒水。

那些人抽搐了几下手脚,便晕死过去。他们一旦发现有人晕过去,立刻又给他泼凉水弄醒,人醒过来了,就再来一次。就这样,反复几次,把人折磨得生不如死。也许哪一位神灵保佑了我们,他们只让我和其他几个人在旁边观看,并未施加拷刑。打得遍体鳞伤的那几个人被搬到别的地方。最后,我被监禁在第三个狱房里。

外面漆黑一片,狱房内十分安静,大家都愁眉苦脸。

狱中生活最让人痛苦不堪的是喝水问题。每天吃饭时间一到,看守们给每个人发3个用高粱米做的饭团,而早晚只发两次饮用水。也许是看守们嫌麻烦而减少供水的次数。房间里密密麻麻挤满了人,寸步难行,而水喝多了自然得多上几趟厕所。8月份天气炎热,里面的人都和别人肩并肩地挨坐在一起,体内严重缺水,口渴难耐。整天待在那样恶劣的环境中,人们本能地对生的渴望压倒了口渴的痛苦,整天只担心自己会不会被点到名的事,过了晚上10点,才能松口气。

大家每天过着惶恐不安的生活,终于有一天足以让我们绝望的消息传到监狱里,说是在旁边的罗州已开完人民宣判大会,再过两三天就轮到光山郡来召开宣判大会。听到这个消息,被监禁的人们都觉得自己最后的日子马上要到了。金英熙也开始变得神经过敏,为确认消息的准确性以及宣判情况而积极活动起来。

我们只能揪着心等待那一天的到来。

可是天无绝人之路。原来,每天由三个看守来专门守监狱。从第二天早晨开始,监狱里出现两个年轻人,开始频繁出现。到了晚上,才知道他俩是的政治工作队员,给人的印象很斯文,战斗部队扫荡后,他们负责收拾后方。

他们叫停了所有能引发感情对立的人民宣判大会和拷刑、死刑，有时对我们实施洗脑工作。他们每个人手里拿着一本红色小册子，给我们讲从法国革命论到共产党史（苏联共产党史），但没过几天又去了别的地方，由其他工作人员来代替他们的工作。新来的人不管教育，一门心思地阅读不知是小说、杂志，还是党宣传资料的东西。

期间，我一直特别担心崔仁出被他们抓住。如果他被抓住，那么我始终咬口否定的事实将水落石出。总之，他的逮捕和我的命运息息相关。

8月底，我看到崔仁出的情报员李某经过我的狱房被监禁到四号狱房。

我的心顿时一沉，无法控制颤抖不已的手脚，但暗自下决心，除非见到崔仁出本人，否则始终咬口否定。可是大家一到监狱外面总关心谈论崔仁出的逮捕问题，这让我很反感。崔仁出曾担任韩青监察部长，所以对左倾分子的一切了如指掌，按照他交待的情况仔细搜查各地方的地下组织，逮捕了很多队员。

自整治工作队开始工作以后，9月10日，首次点了人名。一共20个人，其中也有我。

看守过来打开房门，跟我们说：

"点到名的人出来领自己的皮带和鞋、生活用品。"

听到他的话，当时我真想大声欢呼。让我们拿走自己的用品，还有看守富有人情味的语言，总觉得这事非同寻常。

我们大家被领到楼下的所长办公室里。进入房间，肩上有四星肩章的人和我们一一握手，跟我们温和地说：

"经过审查，我们认为你们几个人没犯什么大罪，所以我们做出决定释放你们。在这段日子里,大家受苦了。希望你们出去后,给我们的伟大革命事业给予协助。"

从那里出来,我们到总务室听了简单的注意事项。他们要求我们每个人在 20 天之内带来三张照片,并当场释放了我们。这简直让人难以置信,真觉得自己像一只获得自由的小鸟一样。后来得到消息,拿照片过去的人中一大半重新被监禁起来。

我匆忙地走出来,走到胡同拐进巷子里,确认看不到派出所的时候,才有了被刀下留人后的奇迹般的感觉,切实体会到自由和非自由这两个单词的真正含义。我立刻坐在地上,一会儿摸摸地,一会儿捡起石头傻呵呵地吻了起来。

走过铁路的通行道,远处能看见小村里。走到约有 300 米的地方时,在家门前玩耍的顺任(当时 7 岁),进去叫了父亲后一起向我跑过来。我们一起坐在路边放声大哭。将近一个半月的时间,我受尽折磨,变得干柴一样瘦弱,顺任递给我包在手帕里的半截玉米,一边哭,一边说:

"哥,你快点吃这个!"

到了家,母亲和胜才惨叫一声,跑过来大声哭喊。小村里的人们曾纷纷议论,有一个人只为糊口而到官府上班,就以对大韩民国忠诚的反动分子的名义被杀害,而你家的孩子犯有死罪,可奇迹般的活着回来了。经过这一段日子经历的一切,更加坚定了自己的泛神论理念。

得到释放是一件大好事,紧接着让人发愁的是自己的将来。借这个机会要不逃到他乡?往哪儿逃?天天饿肚子的家里人怎么办?我绞尽脑汁想了半天,也没得到什么好的结论来。

有一天,很令人意外,以前开印刷所的时候和我有过交情的某初中的任老师过来找我。任老师在"6·25战争"之前已开始从事地下运动,曾担任过学生联盟联络员,所以"6·25战争"爆发以后成了那所学校的校长。任校长略带命令的口吻跟我说:

"哇,我们好久没见面啦。我今天来没什么特别的事,党部的人叫你过去一下,现在请你要跟我走一趟。"

听他这么一讲,我的心立刻又蹦蹦直跳,自己很清楚这是命令,丝毫不能耽搁,于是我回答:

"是。"

然后,我跟着任校长走出家门。

我们到了邑里曾加入自由党的郑顺宗的家,门口挂着'朝鲜劳动党全罗南道光山郡党宣传部'的牌子。当我进入豪宅大门的瞬间吓了一跳,差点叫出声来。

当我在监狱里的时候,身穿日军服装,说自己当过游击队员的年轻师哥靠在地板后面粗大的柱子,正看着我们走进屋子。那时候,他认真地查看过每一个房间,他会不会记住了我的脸?我正在心里想这些问题的时候,任校长跟那个年轻师哥耳语了几下,叫我过去,把我介绍给他。

"你辛苦啦。我是宣传部长。任同志已经给我介绍了你的情况。从今以后,请你到宣传部,和我们一起工作。"

他说话爽快沉稳,相比他22岁的年龄,显得更成熟。他这么一讲,我就知道了自己不是过来接受调查,也不需要重新蹲监狱。

党部内人来人往,十分热闹,但大家都没干什么工作,过了几个小时,食堂里送来饭菜。用餐后,屋里安静下来,只剩下我和宣传部长。这时,宣传部长叫我,我从桌子旁边走过去,他跟我讲：

"请坐！我叫崔在川，对朴同志我早就了解。我们这里现在没有印刷所，为了让你负责管理印刷方面的工作，我们命令让内务署释放了你。"

"哦，是吗？我现在明白了。"

"听别人说，朴同志性格温顺，是一名生活贫穷的无产阶级出身。"

当时，我不懂'无产阶级'是什么意思，只点点头，但心里想，借这个机会为自己辩解一下，

"当时，因为我家里生活太困难，我也确实是没办法，才到20连去当了文官。"

"每个人都会遇到不可抗拒的事情。都是为了生计才找事情做。现在一切都过去啦。从今天起，你要听我的命令，好好工作就行。"

听完他的话，我顿时对他产生了好感。

那时，我看到母亲正在门口来回徘徊。

"部长，我母亲过来找我。"

我跟部长说完话去和母亲见面，给她详细讲述在这里发生的一切情况。母亲面带微笑，拥抱了我。

这时候，部长走到我们身旁跟我说：

"朴同志，你把母亲领到屋里再谈话吧。"

说完，他就走出房间。过了约十分钟以后，他带着一个背着米袋的背夫回来，给他指着母亲说：

"你跟这位大嫂走吧！"

我双手用力握住部长的手，不停地说谢谢。母亲好久没见过

大米，也跟着我一起向这一位年少的部长拜了又拜。

送走母亲以后，我们重新坐在地板上，接着谈话。听他解释我才明白，党作为最高机关能控制人民委员会、内务署、军部。我心想，如果以后跟着他就不会有生命危险，便下决心要跟着他干。

第二天，曾担任过韩青顾问的五某，因公务来到宣传部。他看到原以为一直在监狱里的我惊诧不已，瞪大眼睛看着我，鼓励我说：

"朴哥！太好了。现在好啦，你要想尽办法入党。只要你入党，就能保住一条命。"

我为了能保住自己的生命，只管默默地埋头干活。我的工作主要是负责印刷传单和下发到下属机关的命令，并不太难。

到了晚上，只剩下我和部长俩人一起食宿，每天晚上，部长给我讲自己在无等山进行游击战时的故事。

那天大概是9月25日，位于金融协会（农协）里的组织部传来消息，说来自北方的党证科长在叫我，我过去见到他，他就跟我说：

"朴同志！我们组织部有几件紧急任务要办，麻烦你辛苦一下。"

"是！"

回答完，我开始工作，当正在油印的时候，从外面传来澳大利亚产的轰炸机声。

"呼呼呼，轰隆！"

在"6·25战争"时期，联合军空军飞机每天飞过来进行两三次空袭。其中，格鲁门轰炸机非常活跃，我们用肉眼都能看到它，机身黑黝黝，修长的机体非常漂亮，机枪扫射，炸弹轰炸的声音震耳欲聋，令人胆颤心惊。每当此时，办公室里的人都到处躲藏，有的藏到桌子底下，有的跑进厕所里。

组织部所在的建筑物中心成为敌机的轰炸目标，情形更严峻，但我始终面无惧色，照样继续油印。谁也不知道炸弹会落在哪里，随时可以落到我正泰然自若地站着油印的地方，桌子底下，厕所里，都有可能。

过一会儿，空袭结束，人们从各个角落里爬出来，异口同声地夸我说：

"哇，朴同志，你真勇敢。你是我们应该学习的榜样。"

趁这个机会，我回答他们一句：

"桌子底下难道安全吗？别忘了，我们的手中都有紧急任务。"

从那以后，其他人对待我的态度明显有所改善，我也认识了组织部里的很多人，自己也觉得现在已完全越过了生死线。

宣传部长不管去哪里都带上我。无论是军部还是去别的什么地方。那时，白天频频遭到空袭，各项工作难以正常进行，太阳一落山，人们才出来活动。很多群众聚集在街头高声唱《金日成将军之歌》、《决战歌》等合唱。只有到了晚上才是他们的天下。

9月27日，组织部里以高村面出身、参加过无等山游击战的高在石（约50岁）委员长为首的全体干部约30名劳动党员（包括全部机关，总部里只有几名干部和职员是劳动党员）到场，参加极其严肃的党员入党仪式。被批准的人里有我和两个曾经长期做过地下运动的积极分子。

按照会议流程进行完几道程序，被批准入党的人报告自己的斗争经历。报告完毕,场内的人举手表决,过半数才算通过。几天前,我按照干部科的指示,编写了自己的简历并交给他们。当然,不能说出全部事实。

举手表决前,副委员长发言。副委员长来自北方,给人不好的面相,他对我说:

"我听完朴同志的经历报告,觉得其中有不少让人不太满意的地方,请你做自我检讨一下!"

我不知道自我检讨是什么意思,也不会做,一时茫然,但只好站起来辩解,说自己因不能饿死才去当了文官。副委员长紧咬住我的话,马上又说:

"不,我不是指那件事。讲讲朴同志以前……"

他却提到和李真万相关的事。看来,党组织对我的一切进行过深入的调查。

我拼死解辩,那不是事实,假的,奸计等等。于是副委员长不再提问,沉默片刻说:

"好,明白啦。"

从事过地下运动的两个人当中,一个人通过了半数,而另一个人因活动能力不足而被否决。按这种情形来说,表决我的时候自然不会有一个人投赞成票的,我不免想起他们为什么批准我的入党申请。一会儿副委员长说:

"下面,我们对朴涌在同志的入党申请进行表决。"

他的话一落地,我被眼前的情形惊呆了。除副委员长一个人之外,其余人全部举手赞成。我想,无论我过去是怎样的人,当敌机飞过来空袭的时候,为了完成自己的工作任务,不惜付出生命行为的勇敢表现起到了决定性作用。

回　国　79

"我们同意接纳朴湧在同志和某某某的入党申请。今天会议到此结束。"

随着副委员长的宣布，会议结束。解放后，加入左倾组织，参加过地下党的人才有资格加入南劳党（朝鲜劳动党），除了在"6·25战争"时期从北方来的关键人物之外，几乎没有劳动党员。我曾经听到过一名劳动党员拥有很大的权利，于是我首先想到将来找机会一定对校长儿子报仇。

宣传部长说自己是劳动党员，并祝贺我如愿入党。

第二天是9月28日。下午三四点，宣传部的大门紧闭，里面开始闹哄哄的，宣传部长慌张地说：

"同志们！大家集合。出现了特别紧急情况。大家把所有的资料搬到院子中央。"

然后，他督促大家开始行动。一会儿用火点了堆积如山的资料。

我马上预感到情况不妙。突然，我的脑海里浮现出被监禁的时候，那个警卫说过的话，再过一个月以后咱们瞧瞧。过一会儿，大门被打开，组织部带来包裹，里面装满印有李承晚头像的一张面值千元的纸币，说那是应急金，然后给每个人发放两捆，约有20万。

我完全明白过来，局势发生了突变。这时部长过来跟我们说：

"我们基于为了前进两步，暂时退一步的原则，现在决定做战略后退，请大家做好撤退的准备，等待出发命令。"

我在想该怎么办的时候，不知什么时候已发布了命令，副部长过来跟我说：

"朴同志，请你到这儿来！"

然后，他用被褥包好油印机器的零部件，紧紧绑在我的身上。情况特别紧急，我一门心思地想找机会逃跑。后勤部马上给每个人分发饭团，但大家都没心情吃饭。紧接着出发命令也下来了。那时是9月28日阴历十五，天上挂着一轮明月，对逃跑极其不利。各个机关开始分头行动，我加入到约40名党部机关人员组成的队伍里一起撤退。

恨之入骨的白鸦山

无等山

撤退时，我们只走田埂和小路。在我们行军途中，没有一个人说话，大家的脑海里只有对死亡的恐惧。偶尔能看到从身旁或者远处也跟我们一样撤退的队伍。我始终找不到逃跑的机会。9月的明月在一年当中是最亮的，月光照耀大地，大地像白天一样。这时，紧跟在我屁股后面的副委员长跟我说：

"朴同志已经和过去彻底说了再见。我相信你上山后也会有优秀的表现。不过，上山以后，对我们来说油印员的工作很重要，你是重点保护对象，所以你会待在最安全的地方。"

从他的话中我听明白，我是绝对有必要的人。一是把被褥包裹紧紧绑在我身上；二是副部长当我的贴身警卫。从这一点看，他们已经考虑到局势发生突变时，机会主义者的叛变和逃跑的问题。现在已很清楚，上面早已下达命令，要对我实行特别监视。

经过三四个小时的急行军，我们的队伍到达无等山入口。那里已经聚集了来自各地方的数千人，场面一片混乱。我们在那里稍事休息，那里还有相当多穿制服的男女学生。队伍马上出发，又过几个小时（晚上12点），我们到达无等山的山脊。在那里，队伍又稍事休息。那时候，有一支队伍超过我们继续前行，人们互相照面，一发现自己认识的人，就会互相握手，相互问候。这时候，身穿人民军军服，披着外套的校长儿子见到了我，他张大嘴巴，惊诧不已，不住地回头看着我。我在队伍中还看到曾经审问过我的姓郭的家伙。原来这支队伍是内务署的队伍，我心里瞬间感到不安。

看到我吓了一跳的校长儿子，走到郭某跟前，正在和他嘀咕什么，又朝我这里看了几眼。他们绝对是在说我。他俩当然不知道我是什么时候被释放的，在这里见到我自然也会令他们吓一跳。我听党干部们讲，数千人中间也有可能混进来反动的潜伏人员，所以我变得神经过敏也属正常。

黎明时分，我们在离山顶只有几米的地方安营扎寨。然后以我们的据点为基点，从上到下，每隔两三百米，由各机关的队伍分别落脚。我们的据点是指挥总部，总部里有各个机关交上来的牛和大米、搭帐篷用的白布。光是光山郡党委下属机关的人就有千余人，所以每天要宰十几头牛。上山过了三天，得到情报，联合军已攻占光州市。从那以后，我们的据点被笼罩在恐怖的气氛当中。

党组织认为有可能或者有嫌疑将来会逃跑叛变的人，要一一被除掉。只要可靠的人一举报，被举报的人就会变成无等山上的野鬼。我总担心校长的儿子和郭某加害我。过了几天，幸亏党部以外的所有机关成员按照命令，为联络、补给而忙得不可开交。所以他们无法靠近我，这对我非常有利。

我在那里平安地度过了将近半个月。期间，我也和从北方过来的宣传部指导员交了朋友，也跟他一起学唱革命歌曲。我的命运到底会发生怎样的变化呢？家里的父母和兄妹们现在都过得怎么样呢？

一到寂静的晚上，我从简陋的帐篷的缝隙之间朝天空拜了拜，向老天爷、天上无数星星和无等山上的神灵们祈求一遍又一遍，保佑和这一切并没有多大关联，也没有犯罪，被无辜地监禁在这里的我……

过了半个多月后，党委员长突然叫我。

党委员长外貌端正，好像是知识分子出身，50多岁，"6·25战争"爆发之前在无等山搞过游击战。他对无等山的地理情况了如指掌。

我忐忑不安地走到他身旁一看，还有3个武装人员。委员长面带微笑和我握手，跟我说：

"朴同志，你做好准备，你要跟他们一起走。"

走进帐篷，我告诉这几天成为好朋友的那几个人，说自己要被转移到其他地方去。他们羡慕地对我说：

"朴同志，太好了。你可能会去上面的领导机关。祝贺你呀！"

我立刻背起油印工具，和3个武装队员一起出发。我们白天出发，晚上到了无等山山脚，从这里开始属于和顺地界。我们到一个小村庄，走过小巷，到村口的大院子里。那里有50多个人排着队，一个腰里佩带手枪、身上背一把卡宾枪、肩上戴满肩章、穿皮靴的人正对着队伍讲话。我和3个武装队员随便加入到队伍当中。讲话的人有一双牛眼，颧骨高大，嘴唇特别厚，有魁梧的身材，一看就知道他是一个高级将领，从他讲话的内容来分析，这是和补给队类似的第一路小分队。

向各地转移的人陆续聚集到这里来，共有五六百人。我和3个武装队员被安排到一个村民的家里。屋里特别潮湿，躺在油灯下，突然父母兄妹和过去的点点滴滴以及对将来模糊不清的情景像幻灯片一样在脑海里浮现，令我长夜难眠。也许越过郡界到异地后的思乡之情对我的心理产生了更大的刺激。

没到凌晨3点的时候，外面就有动静，有人一边打开门，一边朝里面沉着地说：

"同志们，请点一下灯！"

有一个武装队员立刻起来点了油灯。那个人没有脱鞋，直接进入房间。

过去，爆发满洲事变以后，因抵挡不住日军的猛烈进攻，中国人晚上睡觉时也没脱鞋。看来在这里也有这个习惯。那个人半月形眼睛，鼻尖高，相貌奸诈，能言善辩，是曾任求礼郡党委员长的朴泰仲。

"你，你是从光山郡来的朴同志吧？我是总司令部的出版科长。你辛苦啦，朴同志要做好准备，马上和我一起出发！"

他一说完话，不知什么时候做好的，有人立即送来了饭菜。

"太晚了，说好3点半，现在是4点……"

朴泰仲边看手表，随便吃了几口就催我们。加上两名武装队员，我们4个人离开第一路分队，什么也不顾，只管走路。

在途中，他给我讲我们将来要做的工作和自己搞游击战时候的故事，讲得非常有趣。看来"6·25战争"之前，他也在这一带搞了游击战。

到那时，联军从仁川登陆后，国军只进驻各主要城市，还没有收复和顺郡，在这里集结了大量的人民军残余部队和游击部队。

大约是下午三四点的时候，我们一行在路上看到了几支几百人的战败队伍，也看到了数十人组成的各机关的队伍。从山脚拐弯处和4个人合在一起，组成了一个队伍。朴泰仲向其中的一位恭敬地举手敬了礼，那个人长得很帅，大约有40来岁。他始终面带微笑，给人的印象很好。他就是人民游击队全罗南道总司令金真宇（"6·25战争"期间，全罗南道党委员长是从北方过来的朴永发。当时，金真宇任副委员长，上山后兼任了总司令）。他在腰里佩带一把小手枪和中国产的驳壳枪，身上穿骑马服，脚穿篮球鞋，给人以身手很敏捷的印象。他带来一个手持手枪、一个端卡宾枪的两个少年和一个叫福顺的漂亮女学生。金真宇总司令是宝城郡人，"6·25战争"之前穿梭于白云山和这个地方的各个山岳中，指挥这一带的游击战，所以对这里的地形了如指掌，在后面有更多关于他的故事，是一位了不起的人物。

整个这一带属于未收复地区，到处能看到白底上有五星红旗的朝鲜国旗在飘扬，而早知道局势发展的村民们都待在屋里不出门，见不到一个人。和顺郡地处山岳地带，一路上还未碰到险峻的山。到了黄昏时分，才开始进入较高的山中的曲曲弯弯的小路。8点刚过，我们就到达二西面水里。

鬃 毛

在水里，有200多户人家，是一座较大的村庄。村子坐落在白鸦山入口，这里有类似卫戍司令部的机关。带到道党部或者总部的人在这里都要接受严格审查。道党部的人花一个多小时审查了我，我非常焦急不安。他嫌我缺乏斗争经验，非常不满意，频频摇头之后在审查本上记下内容。看来，道党部不接收我，想安排到总部。

我和其他两个人住在一起。到这里以后发现，这里的气氛和第一路分队完全两样。和我一起睡觉的两个人目中无人，一切都保密。这个据点在100多里的深山里，我现在躺着的房间里弥漫着酱引子发酵的气味，以后再也不敢想找机会逃跑的事。整个晚上我思绪万千，无法入睡。

"快点起来，吃饭！要做出发准备！"

凌晨4点钟，这家大嫂送来饭菜，朝我们说完话就出去了。

没有人凌晨4点就起来吃饭的，我们吃了几口，不少人还没有吃完，联络员就闯进来催我们，说我们的行动太慢。

离开水里，我和司令官一行跟着武装队员走了两个多小时。拂晓时分，我们来到有300多户人家的村庄。旁边有巴掌大的田，我怀疑住在鬃毛这块地方的人为什么选层峦叠嶂的这里，但一会儿又切身体会到人的生命力之顽强。

白鸦山一带以鬃毛为中心形成一块盆地，一座座山峰耸立在南边，有海拔七八百米的险山峻岭。夺走数万人生命的恶魔峡谷里，有参天树林，杂草丛生。遇到不利的战事，有利于败兵逃到母后山的白鸦山里，简直是展开游击战时最佳的天然要塞。因此，以全南道党部为首，游击队总司令部和道下属各个机关都在这里设了总部。

村子中央有参谋部，文化部和组织部、机要科散落在村子里面。由300多人组成的护卫队负责保卫工作。离村子约有500米远的峡谷里，驻扎着负责物资的补给科和负责制造火药、武器的军工科。在水里，设有情报科和联络科，由数千名残兵组成的第一、第三、第七连队和以迫击炮和机关炮装备的机动大队分别安置在各个高地。只有医务科秘密设置在据点。

我们出版科隶属文化部，住在村里算比较富裕的姓崔人家中。崔家有60多岁的老父母和30多岁的长子，两个20多岁的儿子，正处在豆蔻年华的漂亮女儿和儿媳以及两个孙子，一共有9口人和睦相处。海南来的大地主出身的金相华（假名）担任文化部部长，他30岁左右，戴一副高度近视眼镜，脸上长满青春痘。"6·25战争"爆发之前，他上朝鲜，并且在那里的大学毕业，拥有丰富的学识和坚韧的布尔什维克思想，但是因为地主出身，未能继续晋升到更高的职位。在文化部里，工人出身又没有文化的人晋升或者上调到道党部的比比皆是，但每次和这些人见面或者打交道时，有修养的他也没有丝毫怨言，尊敬上司，和别人积极配合工作。

除了金相华部长之外，还有朝鲜出身的10多个政治指导员。

他们不常住,经常接受任务到海南、长盛、长兴等地,待上10多天,在那里做政治文化相关的工作。文化部里有"6·25战争"之前从罗州过来的叫哲儿的13岁少年,还有叫具惠玉,20岁左右的姑娘和部长一起守住文化部。

出版科单用崔家边角的房间,以朴泰仲科长为代表科里成员还有被别人称为UPI记者的前《东亚日报》记者吴某和光州某报社记者纪世中、朴俊负责采访任务,我和女子高中老师崔永民、曾任罗州郡党支部宣传部长的朴南善负责《全南游击队》报纸的出版工作,每隔两三天出版四五百份报纸;还有曾担任过全南艺术协会委员长和全南大学教授的吴华白夫妇。

吴华白夫妇主要负责画漫画,写漫评,他说自己原本不是漫画家。他一天到晚忙来忙去,给我看画得不太协调的一幅画跟我说:

"朴君!帮我修饰一下!"

他经常要我帮他的忙,而且除了绘画的时间之外,他如同教授给学生讲课一样,热情地给我讲起美学论。

他强烈地推崇现实主义美学和意识形态,他反驳擅长抽象画中自我类立体画的毕加索是"毫无价值的印象派画家"。吴华白后来被认为没有利用价值而送回家乡后被逮捕。后来,我听别人讲,他在全南大学工作,就去拜访了他。见到我,他眼圈一红,热情招待我,但只字不提当年的事。

各地区的消息随时送到总部。我到总部过了十几天,联军在无等山发动了秋季军警联合扫荡,包括光山郡在内,聚集在各郡山里的9000人牺牲了。

无等山是一座孤山,人们在紧急状态下,只管上山,不顾地形情况，敌方一旦发动攻势，就没有退路。听到那个消息，我才明白，能调到总部是不幸之中的万幸。

原则上自己负责自己的伙食，只有参谋部和文化部的人才能分到由战斗部队或者补给科给每人发的一天五斗的粮食。频频抢夺农民的粮食带来了恶性循环，让村民们整天生活在惶恐不安中，怨言四起，但也不敢明目张胆地讲出来。

从那以后，又过了几个月，出版科又搬到50多岁的吴姓家里住下来。那个家里有4个孩子，吴某夫妇唯独对最小的孩子疼爱倍加。"我的金童子，银童子，万重山中的宝贝儿啊，穿彩色绸缎的五色孩儿。"夫妻俩特别宠爱孩子，和睦相处。上山以后，过了三四个月，大韩民国收复了全部领土，军警们每天发动攻势。

一开始，军警发动攻势，部队针锋相对地顽强反抗，但没过多久就失去抵抗力。顶多为我们参谋部要员转移到其他安全地带而进行掩护射击。偶尔，奇袭郡面所在地，大嚷着神出鬼没，声东击西。

村里的人们被禁止和我们同行，让他们转移到某处。村民们转移的途中，要么被军警逮捕，要么被一阵乱枪打死。截止到那时候，躲藏在白鸦山上的人多达数万人，没有多少伤亡，但可怜的村民们却被打死不少。

在文化部下属机关的宣武工作队里有一个漂亮的女生，大家都叫她"一支花"，她来自光州索非亚女子高中。按照命令，女性也属战斗要员，要求与男人一样剪短发。女性的人数达数千人，所以擅长理发的人都去给她们剪发。我也觉得自己能行，就给一支花剪头发。当我剪到她耳朵边的时候，一不小心，剪掉了

恨之入骨的白鸦山　93

她耳朵的一点点肌肉,她立刻尖叫一声差点哭出来。我很不好意思,跟身旁的指导员说:

"我这是第一次剪别人的耳朵。"

指导员微笑着跟我说:

"以前你给别人剪过头发没有?"

"我头一次给别人理发,剪别人的耳朵也是头一次。"

"那你还算行。你第一次给别人理发,还没剪掉几个……"

他一说完,就大笑起来。听到我们俩的谈话,一支花也害羞地笑了笑。我趁这个机会,跟她道歉:

"我这是免费给你理发,虽然不能让你很满意,但确实对不起你呀。"

她瞟了我一眼,跟我说:

"没事的。"

从那以后,我和她成了好朋友。宣武工作队里经常给队员们发放饼干,她就带过来给我吃。渐渐地,她经常和我待在一起。宣武工作队只是一个空壳儿,并没有特殊任务。于是她以帮助我干活的名义,整天和我在一起,一会儿给我念稿子帮我审稿,一会儿讲她的故事给我听,有时还帮我油印。天长日久,我俩产生了感情。白天还好说,但晚上也假装帮我干活待在一起,最后就睡在我身旁。军警发动猛烈攻势的时候,队伍经常被打乱,人们经常四处逃跑,每当此时她就跑过来抓住我的手跟我说:

"朴同志!……"

然后和我一起拼死逃跑。

我俩的感情越来越深。晚上睡觉时两个人紧紧抓住手。可是攻势越来越猛烈,情况也变得更糟糕。部队的纪律要求也更严格，周围开始被笼罩在死亡的恐怖当中。虽然她和我紧贴在一起睡觉，但我从未有过非分之想。我俩的秘密关系也守不了几天，有人向上级告密后，没过几天一支花也成了山上神灵的祭品。

春天和夏季里，绿荫丛生，到处有天然的隐蔽场所，所以很适合展开游击战，但快到秋天，游击队员的心情极其复杂，愁眉苦脸。如同被风飘落的落叶，大家边听自己命运的前奏曲，边进入沉思当中。

冬天风雪飞舞，给我们带来凄凉和怀念，经过多方面考虑，上级决定把村民们转移到白云山。

我们居住在吴某某家中，他是一个农夫，但他的妇人却很聪明，富有人情味，性格也很温顺，经常跟我无奈地说：

"朴先生家里也有父母兄妹吧……"

她给我做的饭团和别人的相比大很多。他们最后回头看一眼自己代代生活过的地方，加入到转移队伍里。去白云山的途中，要过蟾津江，老小和妇女们靠自己难以过河，即使从军警的包围中能成功突围也因得不到补给而会饿死。他们被转移后，听别人讲，大部分人都或被杀，或逮捕。

那年深冬，白鸦山上下了第一场雪。整个白鸦山变成银色世界，大雪给游击队带来了致命的一击。

随着天气逐渐转冷，白先叶将军带领的首都师部向我们发动了冬季攻势。我们没有喘气的工夫，经常从这个地方逃到那个地方。他们依靠正规部队强大的火力和足够的弹药，士兵们一发现杂草丛生的地方就一阵乱射，烧光所有村庄。冬季攻势将近持续了一个月，我们文化部的20多个人在不到10天之内换了好几个地方。待到积雪融化以后，趁漆黑的夜色我们去已经烧成灰烬的鬃毛。

鬃毛里有数十个国军住在村子正中央搭好的帐篷里。被烧光的村子里,连一个老鼠也看不到。他们万万没有想到,我们会来这里躲避。我们知道原先机要科留宿的家中有一个地下室,便决定到那里躲藏。我们悄无声息地靠近村庄,离国军的帐篷只有20米远。我们小心翼翼地摸了半天,才找到地下室的入口。那个地下室由天然的山洞构成,主人后来略加修理。入口大约油桶那般大,一个人勉强站着进去,往下再走一两米,眼前就会出现1米高,1米宽,七八米长的洞,勉强能容纳20个人。

有一个指导员从自己的身上取下应急用的火柴和蜡烛,点了蜡烛,大家赶紧整理好自己的位置,然后熄灭了蜡烛。小洞立刻进入黑暗的世界。13岁的铁俊最后一个进洞,他是一个非常可爱的少年,从小当一名地下组织的联络员,"6·25战争"以后跟着队伍一起上山。他身手敏捷,在白鸦山一带能轻松地翻山越岭。铁俊无论遇到什么困难,都不会讲一句怨言,自己也掌握了丰富的共产主义理论知识。每次躲避军警的追捕隐藏的时候,他对哨兵的态度很不放心,自己专门负责当哨兵。铁俊每天仔细观察周围的峡谷和山岭以及树林,每次准能发现远处搜查队的动静,所以因为有了他,我们多次成功逃脱了军警的魔手。

部队每天给每个人发放一天一斗的粮食,他说应急粮等于一条命,身上总携带一些粮食。大家已经饿了四五天,开始生吃粮食。铁俊对白鸦山一带的地形了如指掌,有时即使大人犯了错误,他都将毫不留情地批评,所以总司令特别宠爱他。铁俊叫我叔叔,跟我关系很好,我也经常照顾他。

我们在这个地下室里要待半个月。大家都饿得够呛,但更让人难受的是口渴的问题。一到晚上,我们就派一个人爬出去,弄来一团雪,然后大家分一小块来吃。大家都把那一小块雪当成贵重的补药,吃完后又舔舔自己脏兮兮的手。

天一黑,外面听不到炮声和枪声,一片寂静。偶尔从帐篷那里传来士兵们高高兴兴唱歌的声音,歌声撩拨我心中的乡思之情。我在那个地下室里想念仁慈的母亲和为生活而奔波的父亲,动不动就饿肚子的弟弟们,在寒冷的冬天去坪里求来一小撮高粱米的可怜的弟弟们。从那以后,我从未再次感受过那种强烈的思念之情。在黑暗的小洞里,我偷偷地哭了又哭。

我蜷缩在那里睡觉时,总做不吉利的梦。日直使者、月直使者、腐烂使者接到十大王的命令后,一只手握着铁棒,另一只手里握着枪,沿着弯曲的路,飞过来,叫了一声,"朴涌在出来!"然后用粗大的铁链绑住我纤细的脖子,大声叫喊着催我赶快走。每当这时候,我被惊醒,浑身出冷汗。地狱般的生活过了半个月,大家饥饿难耐,最后觉得自己会饿死。这时,宣传部长用一半提议,一半命令的口吻跟大家说:

"同志们!听我讲,有谁愿意勇敢地到外面侦察敌情啊!"

没有一个人站出来说自己愿意冒这个险。

"如果被他们发觉,就要自尽。不然的话,作为我们总部里的机要部门的文化部将遭到毁灭的!"

他这一提醒,更没有人敢出去。

当时,瞬间,我陷入沉思之中。冬季攻势不知什么时候才能结束;没过多久,我们不是饿死就是被国军发觉,那么文化部里的关键人员都聚集在这里,绝不会向他们投降的,用几枚手榴弹足以保证这里的人同归于尽,我要出去!我早就做好了死的准

恨之入骨的白鸦山 97

备，举起手出去以后，跟他们解释我被强行带过来的冤情，他们也许给我特殊待遇……

想到这儿，我向部长毅然决然地说：

"部长同志！在党旗下面我宣誓要奉献自己的生命。我出去侦察敌情！"

"很好。像一名英雄。朴同志，你要多加小心！"

说完，还跟我紧紧地握了握手。

小洞内无比的安静。侦察兵敢于冒死站出来了，但如果被他们发觉，其结果会怎样呢？如果他不自尽，我们必死无疑。在这种紧急情况下，大家都会有这样惶恐不安的心理，难道这不是再正常不过的事吗？

"朴同志！"

有一个人向我喊了一声，其中加杂不安和鼓励。我轻轻地推开盖子看了外面，我清楚地看到了对面的山脚。我越过坍塌的石墙，朝帐篷跑，但眼前的一切令我大感意外。我看不到昨天还吵吵嚷嚷的国军和他们的帐篷，只看到散落的废纸和几个空罐头。这时那边山坡上有人朝我喊：

"同志！"

他是一名保卫队员。

我向他挥挥手，然后忙着捡地上的烟头，一会儿捡了一巴掌多的烟头。我在一个角落的石头上发现了上面写着"送给寒冷的冬天辛苦的游击队员们"的纸条和两双袜子和两包花郎香烟。我捡起那些东西后，赶快跑到小洞里告诉了同志们。

冬季攻势就此结束，但在这次作战中，多达数万的上山人员中除了2000人之外，要么牺牲，要么被活捉。

我们发起总动员，砍来丸木，加上草叶屋顶，盖了房子。后来，每隔几天军警们又出来扫荡一次，烧了我们盖的房子。可是只有丸木的外表层烧黑，并没有完全烧尽，所以白天我们到别的地方躲藏，晚上回来安排哨兵后，就在这丸木房子里睡觉。

这间丸木房子里设可供两个人起居的油印室。刺骨的寒风从丸木之间的缝隙吹进来，房间里非常寒冷。一到晚上，炊事班里的叫明顺的女同志无法忍受寒冷的天气，就跑到我的房间里睡觉。在寒冷的房间里两个人不得不相拥而睡，但一想到过去一支花等其他许多人遇难时的场景，我心里根本没有非分之想。

油印员在山上不仅身份很贵重，但也要做大量工作。在那间寒冷的房间里，为了赶制报纸、传单、传令单，一直工作到很晚。一旦接到任务，必须要无条件完成，不然要做自我批评。凌晨3点要起床，起来以后背起那些沉重的工具还要逃到别处，到那里又吹吹被冻僵的手后开始工作。

过年以后，树枝上长出来嫩芽，春天也如期来到这座夺走数千、数万人生命的白鸦山上。

可那时候，每个村落都进入春穷期。缺少粮食对我们的生活产生直接影响，由2000多人组成的大家庭的粮食供应成了最需要解决的头等大事。隔两三天才供应一顿粮食，这给所有的人带来了巨大的困难。

经过冬季攻势，躺在峡谷里树林中的尸体开始腐烂，每次一刮风，就飘来尸体腐烂后刺鼻的气味。况且，每个人都饿了几天，嗅觉变得更灵敏，让人实在受不了。而且，对游击战来说，万一走在山岭上，很容易成为敌方的目标，所以只能沿着峡谷行军。凌晨走在黑暗的峡谷中，有时踩上腐烂的尸体，连续好几天那只脚上的异味不会消失。

更可怕的是山岩中出现的苍蝇大军,在峡谷里堆积的尸体上有很多苍蝇,我们的房间内,也有大量的苍蝇飞来飞去,挡住我们的视线。部长下命令,让补给队一定要弄来蚊帐。然后用蚊帐做网,一挥动网,就能抓住二斗苍蝇。但是无论你抓了多少,第二天不知从哪里又冒出来大量的苍蝇。

只有一只苍蝇在你面前飞来飞去,就让人讨厌。日本人甚至用"五月的苍蝇"来形容"讨厌"和"吵闹"。那是我所见到的苍蝇大军,确实是一幅壮观的场面。

考虑到夏天缺粮的问题,总部不得不改编队伍。把队伍分散到长兴的有治山,长盛的白羊山,求礼的白云山。文化部的几位指导员也分别派到这些山上,所以总部内的文化部成员锐减,最后把文化部和组织部合并成一个部门。指导员都是从党政机关派来的政治工作要员,其中一个叫李钟彬,另一个叫金在信的人。他们也是先派到各地方的党机关,后来被调到总部的。两个人都来自平壤市党的机关,和我同岁,后来我们成了好朋友。

李钟彬有较高的艺术素养,而且是多愁善感的人。他相比于朝鲜的所谓的富有革命精神的革命歌曲,更喜欢被认为是腐败的被禁唱的韩国大众歌曲。当然,唱流行歌曲的事被别人发现,就会成为自我批评对象,所以只有我们两个人在一起的时候,用蚊子般的声音唱白年说唱的《故乡雪》和南仁树唱的《母亲的爱》等歌曲。

  涛涛江水向海流
  小船悠悠随波流

故乡的油灯像母爱

　　船来船回何时归故乡

　　李钟彬胆子很小，十分爱惜自己的生命。有时我俩坐在巨石缝里的时候，他就跟我讲：

　　"朴同志！我总觉得自己以后再也见不到我父母和兄弟姐妹。"

　　他从小接受共产主义教育，在党旗下面宣过誓，说要随时准备献出自己的生命，可一旦面临生死的紧要关头，人们都不能欺骗自己的本能。

　　"我们能不能活下来？"

　　"这里是什么地方，我为什么要成为白鸦山的鬼魂呢？啊！做梦也忘不掉的大洞江。我那可爱的毛兰峰如今也不会变样了吧……"

　　一吐富有诗情画意的感慨后，他就开始跟我讲自己在故乡时的恋爱故事，在平壤市党委机关工作时有趣的事。讲完一段故事，就自然地朝我笑嘻嘻的，便陷入沉思当中。马上又想到惶恐不安的事，不时地颤动眼睛。

　　金在信是性格温顺、非常善良的人。他一边笑一边说：

　　"我患上霍乱也能活过来，遇到重大的交通事故，死伤几十个人的时候，也奇迹般地活下来了。有治扫荡（在长兴郡有治面所在的有治山上集体杀害几千人）时也神不知鬼不觉地活下来了。我有三次大难不死，必有后福，肯定会活下来。不久以后，人民军会发动总反攻的。我绝不会死的。"

　　无论是那么怕死的李钟彬还是对将来充满自信的金在信，都

恨之入骨的白鸦山　101

在那一年的夏天遭到手榴弹的洗礼，和躲藏在山洞里的其他人一起牺牲了。

这些日子，每天更改暗号，有时无法通知被安排在各个重要地点的哨兵。即使知道是自己的队员，如果喊不出暗号来就不能通过哨所。李承晚傀儡军大肆宣传，说凶残的保导联盟员又开始活动。弄来被军警击毙的尸体，展示给全体队员，企图激发他们队员们的愤怒和仇恨心理。

我们从凌晨3点开始工作。100多名指导部要员们聚集在宽敞的场所，一会儿开始轻声合唱《金日成将军之歌》，一会儿听无线广播中录下来的"人民军总司令部"的报道（搅乱敌人后方的我们勇敢的游击队队员们！坚持战斗，等我们人民军发动总反攻的那一天，等等内容）和新闻，再听约30分钟的司令官的演讲，接受包括那天的行军路线和隐藏地点的命令。

我们想尽一切方法提高队员们的士气。在第二次世界大战期间，同盟军（日本、德国、意大利三个国家）一发动战争，日军就势如破竹地陆续攻占东南亚一带联军的军事基地。纳粹德国则跃过苏联的国界，一路杀到列宁格勒，即将要攻陷莫斯科。但苏联军队破坏一切设施，烧掉粮食，向纵深战略撤退。游击队掐断德军的补给线。德军在将近二米深的积雪中深受严寒和饥饿加之缺少弹药，最终战败而归。联军在第二次世界大战中取得的胜利和游击战取得的胜利是分不开的。

金真宇司令员的人格我不得不佩服，他是政治、军事方面都非常优秀的人才。情报科的队员总能通过民众事先得到军警的作战计划。

"今天，敌人的××部队，约×××名，沿着××山岭将发动攻击，会重点扫荡某处山谷，某小组要先到某处躲一躲，从几点开始要隐藏在某处山谷里。另外一组……"

无论条件多么艰苦，每天都要确保他能吃上两顿米饭，但他每次都只吃几口。

"我今天没有胃口，这可怎么办？麻烦你……给我弄稀饭。"

说完，他把米饭让给伤员或者其他队员。他一有空就查房，慰问同志们。

"某某同志太积极了。你先休息一会儿再干吧。"

看到伤兵员，握握他们的手，摸摸他们的头。有时还亲自去挖草药，熬药给他们喝。每当见到遇难的人，就抱住他们的尸体号啕大哭。他说话时，总是面带微笑，他的手下都被他的行为所折服，心甘情愿地为他效劳。

秋天如期来到了遍山红叶的白鸦山上。得到可靠的情报，国军继去年冬季攻势后今年又发动攻势。总部为应对这次攻势，把机关要员分别派往各个地方。在各地分散安排战斗部队。总共2000多人的队伍中，只留下300人，都分别下达了任务。之所以向各个地方安排队员，是为了解决总部过冬和粮食问题。除了绝对有必要的人员之外，都被安排到各地方去。

被外调的人中间，有患上脚气的纪世中记者（首席采访记者）、朴俊记者、吴姓记者。吴华白夫妇也被认为没有利用价值而调离总部。他们在转移途中，都遭到了扫荡，毫无疑问，他们都遇难了。在中坚干部或者积极分子中，伤员或者体弱者也无条件被驱逐总部，得到了死刑的判决。

落叶纷飞，只剩下干瘦的树枝，令人毛骨悚然的冬季攻势开始打响。

和去年的攻势相同，国军的目的是把整个白鸦山打个底朝天。我们的丸木宿舍，先遭到空中汽油弹的洗礼以后全部被烧光。然后，对山岭、山谷、石头缝、山洞实施封闭式搜索战。我们不停地躲避追击，窜来窜去，筋疲力尽。

我们得到可靠情报，国军在作战中间，将安排一个星期的休息。这些重要的情报，通过民众联络网获取，或者情报科的队员们悄悄潜入村子里，晚上偷听人们交谈时得到信息。当时我们没有内衣可穿，身上只穿破旧的单衣，脚穿用布条或藤条捆绑的破烂胶鞋。我们为了躲避寒冷的天气，实在没有办法又回到未烧尽的丸木宿舍。百余名指导部人员分成几组住进丸木房的各个房间里。丸木烧焦的气味，刺鼻难闻，但这跟露宿在寒冷的野外比起来不知强多少倍，大家都觉得无比温暖。我从背上卸下油印工具，继续赶制未写完的稿子，但几天间积累的疲劳袭身而来，不知不觉中睡着了。睡梦中突然被"哒哒哒，哒哒……轰隆隆"响起的枪声和爆炸声惊醒，我迷迷糊糊地摸自己头边的行囊，慌张地背起来以后跟着脚尖带领的方向跑起来。

这是我们第一次遭到夜间突袭。"宝来莱"部队（智异山地区警察部队司令员申相旭给部队取了这个名字。大部分士兵是自首的士兵和被俘的士兵，是在这一带十分活跃的主力部队。）轻松干掉哨兵以后，朝我们的宿舍发动猛烈的集中射击，连续不断地投掷手榴弹。这才是真正让人魂飞魄散的场景。子弹像雨点般地落在我身旁。

我无暇顾及自己逃跑的方向，跑了一段路，刚要想坐下来喘口气的时候，枪声停止了，我呆坐在那里干等着天亮。拂晓时分，传来敌人已返回的信号。我们可爱的铁俊用唱歌的方式给我们传递信号：

"长白山条条路血染的足迹。"

他只唱了《金日成将军之歌》中的第一句。当时我不顾一切拼命跑，跑到离宿舍只有 300 米远的一个山谷里。当时我脑袋里一片空白，也差不多自个儿在原地打转。我小心翼翼地走近宿舍，在远处山岭上有几个保卫队员向我挥手，给我传递安全的信号。这次突袭我们一共有 50 个人被敌军打死。

"今天下午，敌人会再次发动攻势。每个人先到自己的窝点躲避一下。一直待到发信号弹。"领导向我们说。

我们已经连续四天饿肚子，但又要分散到各自的窝点。每个人的窝点是发生这次突袭的 10 多天前挖好的。军警们仔细搜查每一个深山峡谷，所以我们认为在他们会漏查的小路边挖一个坑，里面只能放两块木板，用木板盖住上面，再铺上泥土，用落叶伪装好。这个坑让人联想到高丽葬。为了挖坑，我和朴南信油印员整整忙了两天。我俩来到离宿舍只有 100 多米的坑边，我跟朴南信提议说：

"朴南信同志，我们在外面多待一会儿，过了中午再进去吧。"

"不行啊！有人会看到我们的。"

"他们不是说下午才开始发动攻势吗……我们先到杂草丛生的地方藏起来吧。"

"我觉得朴同志的安逸主义态度不太好。我们进洞就待几个小时，你就觉得那么麻烦吗？比起献出自己热血的同志们……"

"6·25 战争"期间，他当过罗州郡党委组织部长，确实也具备了一定的能力。

"啊……"

拿一个应急窝点还各自持不同的意见，我也说不清楚是为什么，当时就是不想进到那个给我办高丽葬似的小洞里。

"还有很多时间，我去查看一下刚才我们藏起来的报纸夹是否很安全。我觉得刚才我们没藏好，要是下雨就糟糕了。"

我这么一讲，他也表示同意。那个报纸夹对我们来说是很重要的，里面有从创刊号到最近一期的我们发行过的《游击队员》杂志。报纸夹藏在这个山岭边的山谷里。那个山谷和其他山谷相比更阴森，当我们俩走到那里推开荆棘的一刹那，我俩差点叫出声来，我们发现有数十颗熟透的浆果挂在那里，正等着我俩摘。朴南信是一名老党员，从"6·25战争"之前开始参加过地下活动，思想觉悟也很高，但最让他难受的是挨饿，所以从他的脸部表情来看，对我刚才的固执充满感激之情。我俩狼吞虎咽，肚子马上见涨。剩下的摘下来装在背囊里，然后才挖出来报纸夹，重新挖好坑埋好，再用宽大的石头盖在上面。在极度饥饿的状态下，不顾一切地吃浆果，又重新藏好报纸夹，不知不觉中也已过去了好长时间。

这时"哒哒哒哒……"

远处传来密集的枪声，回荡在山谷里。

已经晚了。我们蜷缩在杂草堆里，因恐惧而发抖。刺耳的枪声和手榴弹爆炸声不停地传来。过一会儿，听见有不少人吵闹的声音，全副武装的数百名钢盔部队沿着离我们只有30米远的山岭，一边搜索一边走。

我俩屏住气息，从藤子缝隙中间看国军从我们眼皮底下走过。又过了十几分钟，我们才从草丛里慌慌张张地爬了出来，仔细查看周围的动静后开始跑起来。当我们快速跃过山岭,到达窝点一看,顿时吓出了一身冷汗。我俩的窝点被弄得稀巴烂。这时,朴南信猛然紧紧握住我的手说:

"啊呀妈呀!"

他来回看了几下我的脸和被破坏的窝点。我的预感和固执挽救了我俩的命。

我俩九死一生,过了两天后,才听到信号弹响起,便到宿舍和队员们集合到一块。经过那次战斗我们又付出了很多伤亡。后来得到情报,马上会有更大规模的攻势。于是,我们连夜转移到离那儿有五六十里路的母后山里。

母后山没有延绵不断的山,但比白鸦山高,茂密的树林更具神秘色彩。那里确实是绝佳的临时隐避之处,之所以一直没有利用那里,是因为那里离村庄太远。不但对补给非常不利,而且对游击战原来扰乱敌军后方的任务也背道而驰。去母后山要经过很多军警哨所和埋伏地点,所以这是一条非常危险的路段,但是我们除了去那里也没有更好的去处。

指挥部里加上保卫队员,一共100多人在两名侦察兵的带领下开始出发。侦察兵非常熟悉到母后山的一路地形,但说他俩是侦察兵,还不如说是敢死队员。我们避开军警们吵闹的据点周边,小心翼翼地前行,为了绕过敌人埋伏的地点,不能走小路,只能沿着山脊移动,所以要经过荆棘丛生的地方,有时要跃过峭壁,有时还得蹚过小河,而且只有在夜间行动,所以这种高强度急行军非常艰苦。在艰难的行军途中,随处可见联络员冻僵的尸体,不断扰乱我们的心绪。一想到自己也有可能遭到同样命运而悲叹不已。

我们成功地走完这一段最危险的路，拂晓的时候到达母后山山口。一进入这座山，到处长满又高又密的杂草，让人寸步难行。我们一边推开杂草一边走，只管朝高地挪动脚。当我们到达山脊的时候，发现茂密的树林挡住了阳光，里面即使在白天，也让人觉得进入了迷宫。我们在那里落脚，卸下背上的行囊。那天晚上，突然电闪雷鸣，开始下起雨来。

在那种寒冷的天气和饥饿难耐的条件下，最让人痛苦的还是睡觉问题。那天晚上，雨一直下个不停，大家都浑身湿透，却睡得很香，一觉睡到快天亮才醒过来。这要是在平时肯定会冻死几个人，但那天没有一个人患上感冒。通过这一夜，我切身体会到，无论你身处何等恶劣的环境条件下，只要保持良好的心态，人体就能发挥超人的潜能。

我们在母后山已经躲藏了 5 天。以前，我在松丁里和一起当文官的郑光俊见面，在一家餐馆喝酒喝得很晚。那时候，那家餐馆里有一个来自珍岛的漂亮女服务员。郑光俊和我被她娇滴滴的声音和撒娇的神态迷住，便跟她套近乎，想入非非。但没想到她只让我们吻她，却始终守住最后的底线。那时候，她身上带一本名为《革命家的一生》的书，书的封面和封底都缺几页，很破旧。令人意外的是，我在这里又见到了她。她也马上认出了我，但从她的举止中再也找不出当年的影子，人既优秀又泰然自若。她说自己原先被安排到某连队，后来接到总部的命令，这次就一起来到了母后山。

在母后山的 5 天时间里，我们每个人分到了一共 5 斗的应急粮，但主要依靠深山老林中丰富的栗子和浆果来解决饥饿问题。每个游击队员要遵守烧火三原则：第一，胡枝子树；第二，藤子；第三，蘡薁树。烧火做饭时，为了避免因烟气而被敌人发现，除了迫不得已的情况之外，都要按生成的烟气量最少的标准来烧柴火。自然界带给我们的燃料，在我们的生活中占非常重要的地位。我们依靠母后山的有利地形，在那里第一次度过了充分的休息时光。然后，又回到了白鸦山。期间，第一、第四、第七连队（一个连队共有 200 人）的残兵们留在白鸦山上，一直和国军开展游击战。经过这次扫荡，连队的人数又降到一半。自从我们进山以来，总共达数万人的队伍，只过了一年多的时间，现在只剩下不到 500 多人。

那一年的冬天来得较早，从 10 月份开始下起雪来。一旦下雪，游击队员就情绪低落，士气低下。因为下雪以后，路上会留下脚印，很容易被敌人追击，所以隐藏在事先准备好的窝点不敢活动，只好等待积雪融化的那一天。这对游击队员来说，将成为致命的打击。

当时，各种条件极其恶劣，除了发放少量的应急粮之外，我们根本得不到什么补给品。大家身上穿一件破烂不堪的单衣，脚上要么穿破裂的胶鞋，要么用破布裹脚当鞋。也没有什么可背的应急粮食。我们动不动就躲藏在山洞里、石头缝里、落叶堆满的地方连续待上几天。困扰我们的并不是应急粮食的问题，而是怎样维持自己的生命的问题。恐怖、焦虑不安、饥饿、寒冷，加上上级要求我们完成大量的工作，我们觉得自己不是生活在人间社会里，而是仿佛活在地狱中。

我们经常饿肚子饿得只剩下肚皮。穿一件单衣，扫一扫地上的雪就地躺下来睡觉。我们这是在和自己的命运做斗争！我们这帮在阎王殿花名册上已登记名字的人，为了能延长哪怕是一天的生命，和死神展开无比痛苦的殊死搏斗。在这里发生的一切能充分证明，人的生命力是多么的顽强！

保卫队主要由文化水平较低的农民和渔民出身的人，以及曾经参加过丽顺暴乱的国军 14 连队的人员组成。保卫队里有一个人有特别强烈的物欲。只要有人类居住的地方，无论是怎样的社会、何种环境中，都会存在那么几个特抠门的人。他这个人一旦拥有自己的物品，就绝不会借给别人，哪怕是用树枝做成的一双筷子。有一次，他出去参加补给战斗，得了一双旧篮球鞋，他舍不得穿，刚开始他把鞋藏在行囊里，后来他把鞋一天到晚藏在自己的怀里。有一天，那个抠门的队员被国军的流弹击中后倒在地上，再也没有重新站了起来。他死的时候，没有带走自己平时当宝贝似的爱惜的篮球鞋和行囊，我们在他的尸体旁边放上行囊，把篮球鞋放在行囊上面，都祈求他一路走好。大家对比他生前的物欲和耷拉着的篮球鞋绳，啧啧地表示惋惜之情。

进入 11 月份，在白鸦山上，敌人根本不给我们游击队一条活路。军警联合作战，每天牺牲几个人。有时粮食补给断掉一个星期，给人以自己被击毙之前先饿死的感觉。当时，我疲惫不堪，自己心里想能好好睡上一觉，再加上吃一顿米饭和酱汤死而无憾。

大家就这样又坚持过了几天。有一天，司令员给我们下达了一个特殊命令：

"在这段日子里，我们的数万名同志为了人民献出了自己宝贵的生命。而我们坚持战斗，一直到现在没有被打倒。李承晚傀儡政权为了阻止我们游击队搅乱敌后方的战斗，期间投入了数百万人次的兵力，付出多达数十亿、甚至数百亿的经济损失。我们为了革命，一直坚持战斗到现在，同志们的战斗是伟大的战斗，这个伟绩将代代相传下去。可是现在，我们所处的环境条件极其恶劣，将来可能更加恶劣，所以我们要求指挥部的要员们也要亲自参加补给战斗，以防万一，我们每个人要培养独立战斗的能力。"

这个命令给我带来了很大的冲击，不禁让我握紧双拳。那次他的演讲，成为一年多漫长的岁月中我听到的他最后一次讲话。

全南道党委委员长朴永发在"6·25战争"爆发时从苏联过来并参加了战争。以他为首的20多人始终和总部保持一定的距离，躲在最安全的地方，行使指挥和监督的权利。有一次，在行军的路上我见过他。道党委里有两名油印员，他们负责发行《全南劳动日报》。以前，我在国军二十连的时候，崔基济文官在光州忠正路经营一家"茂英印刷所"。那时候，我到他家拜访过他几次。在他的印刷所里有一个姓金的笔耕师（写字工），我认识了他，也跟他谈过几次话。

"朴先生！（绝不称呼我文官）你对只拥有特权的阶层才能过上好日子的大韩民国有什么看法？我在这个充满矛盾的国家里实在很难生活下去。"

他经常用诽谤的口气说，而那个金某就是道党委的一个笔耕师（写字工）。

金真宇司令员是宝城郡人，他原来是一名知识分子，但后来为了把自己的出身改成工人，到钢铁厂当了5年的工人（他们看人的出身成分时，首推钢铁厂工人。针对资本家诈取工人劳动的情况，让他们团结起来，反抗、罢工。所以充分考虑到跟资本家进行反抗斗争的能力，任用干部时给予优先权）。

他有清晰的分析能力。组织文化部的指导员们到各地方完成任务后，从军警的枪林弹雨中突围回来，他们七八个人，每个人用十几分钟的时间，一口气向他报告半个月到一个月期间的工作情况的时候，他听完报告，马上又一一下达命令，给每个人分配下一步的工作任务。他瞬间做出的判断丝毫没有出现漏洞，令人惊叹不已。

　　"6·25战争"期间，他担任了道党委副委员长，进山以后兼任总司令。后来朴永发患病，他就当委员长。和德裕山的李炫祥一同，他俩成为军警对付游击战时最让人头痛、最危险的人物。可是，最终他还是被国军打死了。

　　10月22日晚上，按照总部的命令，为了安排指挥部要员，第七连来到了这里。

　　期间，第一、第四、第七连队辗转各地开展游击战。他们这次是第一次来到总部。我一看，七连队长不就是我的表弟崔勇武吗？勇武和弟弟勇官在一起。他在坪里长大，以第一名的学习成绩毕业于九林小学。在坪里，他第一个考上木浦市重点初中学校。在学校，他的学习成绩一直排第一名，是一个真正的秀才。后来他参加左倾组织，被警察抓捕，最后被宣判。在法庭上，法官向他提问后，竟不能反驳勇武的反问。后来，这事一时成了人们津津乐道的话题。

　　他被学校开除以后，完全成了一名旗手，离家出走，辗转各地。

　　我从日本回国的时候，他还是一个少年。当时他天真烂漫，愿意跟在我的屁股后面。当他十五六岁离家出走的时候，身体还偏瘦。而现在站在我面前的他，已经超过普通人的身高。他说自己在"6·25战争"期间，19岁的时候，担任过霎严郡的党委委员长。勇武过来一边和我热情拥抱，一边说：

"大哥，很高兴见到你。"

可是，说完话他立刻表情严肃，态度也发生了转变。我能理解他的行为。当年不知勇武是否加入了月出山游击队，但我让他想起了月出山游击队歼灭的事件。我切身体会到共产主义思想的鼓动性。他们可以和父母兄妹无情地断绝血缘关系，因为这我俩暗自苦恼了一阵子。

10月23日，从早晨开始外面下起大雪，到了晚上，下了将近一米厚的雪，白鸦山瞬间变成银色世界。

老天爷终于向我伸来救援的手。这时，部长跟我们说：

"崔勇民同志和朴同志今晚跟着连队去参加补给战斗吧。"

然后，他给崔勇民发了部长专用的一把卡宾枪。我们的目的地是谷城郡三岐面温水里。天色变暗，我们开始出发。指挥部的20多名要员第一次参加这次补给战斗。剩下的指挥部要员们一边鼓励我们的处女战，一边也为我们祈祷，能安全归来。

那时候，白鸦山一带的村庄要么被收买，要么每个村子里驻扎着军警，为掐断游击队员的补给渠道而投入了全部兵力。过了12点，我们大约走了5个小时后到达温水里的后山上。

我走在雪地里，一会儿陷进去，一会儿滑倒，为了不掉队，拼死咬住队伍。

在决定我命运的紧要关头，我在心中反复自问自答，但是一想到自己有可能成为白鸦（白色的乌鸦）的美餐，就没有时间再犹豫下去。而且，即使会死，还有能收集情报的时间，起码能吃上梦寐以求的米饭和酱汤。

恨之入骨的白鸦山　113

能满足我的这一点要求，我就心满意足，别无他求。

我站在温水里后山上，朝村子方向一看，村子里有几户人家点了油灯，好长时间我没见过人间社会！一想到这个令人向往的桃花园怎样接待我的情形，让我激动万分。那时，我突然产生一个主意。

"枪！对啊，带一把枪去投降。有了枪也许会给我特殊处理！"

于是，我朝崔勇民说：

"老崔。你把枪给我。我害怕极了，没有一点勇气。"

听到我的话，他回答我：

"不行！我也一样，好害怕。"

他戴一副高度近视眼镜，当过木浦女子初中学校的老师。也许他经常和女性社会打交道，性格很温顺，跟别人说话，总会先微笑。

我强行拽过他手中的枪，一边笑，一边跟他说：

"老崔，你怎么这样缺乏战友爱呢？下次我如果弄到好吃的都给你，你就跟在我后面走吧。"

我这么一说，他也无奈地笑了。

我们约好先进村打探情况的侦察兵吹口哨。离规定的撤退时间还有10分钟的时候，听到出击的信号就同时撤离。我们悄悄地爬进村子。

村子里，虽然驻扎着武警部队，但他们也对游击队员的突袭忌惮三分，在离村子约有100米的地方安营扎寨。只有村民们传来游击队出现的报告，才朝山上一阵乱射，攻击撤退的游击队员，所以游击队队员们也一样，到村子后面就开始害怕。我们指挥部见习要员们跟在队伍的最后面进入村子,一会儿来到了村子的深处。我一直走到最里面,跑到一座点了油灯的简陋的房子前面停下了脚步。我轻轻地靠近房子敲了几下门。那时大概已过了5分钟。四处传来狗叫声。一会儿,屋里的人吹灭油灯。我再次敲了几下门,屋里人仍没有什么反应。以前,我多次听到参加过补给战斗的人的话。无论你到哪一户家,都要悄悄地进去,然后一边推门进屋,假装自己生病的样子说:

"哎哟!"

"打扰一下,请你们开开门。"

我尽可能用温和的声音说话,过一会儿,有一个人干咳嗽一声,给我轻轻地开门,回到里面,又重新躺下来。他也假装自己生了病,喊了一声:

"哎哟!"

我马上跑进屋里,跟他们说:

"请大家放心,不要害怕。我是从山上来的。我想跟大家问一个事儿,但是你们一定要给我说实话。假如我现在去自首,结果会怎么样啊?"

"你说什么?"

男主人马上起床,找了半天火柴,才点了油灯。油灯一亮,我环顾了房间,一眼就能看出这是一个非常贫穷的农民家庭。屋子里,有60多岁的老夫妇和三个孩子躺在那里,因为害怕,他们都在那里发抖,不敢瞧我一眼。为了以防万一,我跟他们这样讲:

"对不起,麻烦你取点粮食装在我的袋子里。这样,如果别人进来,就不会怀疑我们。"

参加补给战斗时，队员们首先确保拿到粮食以后，有义务给他们做政治宣传工作。

"对呀，应该的。"

主人一边说话，从米缸中取出全部三四斗小米装进我的袋子里。

"你确实做了明智的选择。现在在这个村里驻扎的宝亚莱警察部队的士兵们都是自首的，待遇相当好。"

听到那一位像救世主一样的农民说的话，我高兴极了，当时真想立刻欢呼雀跃。

这时候，突然有人匆匆地靠近房子，朝屋里急促地说：

"喂！开一下门。给我开门！"

我因极度紧张，吹灭油灯，紧紧抓住门绳没放。后来仔细想过，当时我的行为太缺乏沉着冷静，非常愚蠢，又危险。

他抓住门外的拉绳用力拽了几下。我手中的门绳滑走，他进屋里后踩上我放在地上的卡宾枪。他感觉到自己踩的是枪，发疯似的，乱摸周边，一碰到躲在角落里的我的手，马上掐住我的脖子，跟我威严十足地低声喊：

"你是谁呀！"

我被他压制住半天没敢开口。于是他大喊，叫我们马上点灯。油灯一亮，我认出了他，他是姓崔的保卫队员，身强力壮，凶猛但愚笨。他作为 14 连队队员，曾参加丽顺暴乱。他认出我以后马上站好朝我敬礼，感觉自己犯了死罪一样，站在那里，不知所措。

"崔同志，我以为你是谁呀？我以为是一条狗。我现在有了小米，正给他们做思想工作。没有想到你这么快就到这里。刚才我真以为碰上狗了呢?"

"对不起,我不知……"

没说完,他就跑出去了。

这时,警察部队开始追击,枪声回荡在山间地带。突然从那边山岭上传来喊声:

"同志们,冲啊!冲啊!"

这是要我们马上撤退的信号。

一切都结束啦。我跟主人说话:

"我还是不放心,麻烦你把我领到别人家里。他们撤退后,一定会先点名再出发。我担心他们回来,找我们的麻烦。"

主人一听我的话,马上说:

"是。好吧。你说的很有道理,有道理。"

然后,他光着脚在前面给我领路。我们没有走小巷子,直接翻越几个石墙,来到一家瓦顶房的西厢房,自己心里在想,在这户家里也许能吃上米饭。

我们推门进屋,厢房里一共有3个人,他们被枪声惊醒后坐在那里,见到我很害怕,立刻站起来。跟我一同去的农民朝他们挥挥手,以示让他们放心。他们只看我的脸色,哆哆嗦嗦地坐到角落里,但仍然显得很害怕。当然,任何人遇到这种情况都会感到害怕的。我的头发又乱又长,遮住耳朵,脸上长满的胡子足有一寸长。我好久没洗过脸,只有在长期惊恐不安中度过来的眼睛在那里发光。我如同电影中常看到的土匪一样,端一把枪,突然闯进了民宅,这能不让他们害怕吗。

我坐到屋里的炕上,仿佛觉得来到了温泉里。

我打开卡宾枪的安全装置,做好应对突发事态的准备,但饥

饿难耐,要求给弄些吃的来。一会儿,西厢房主人给我装来平锅满满的大米饭和萝卜泡菜和凉拌野菜,跟我说:

"现在很晚了,家里没有热饭,你先吃这个垫垫肚子。"

"你太客气了。那我就啥也不说啦。"

我没等自己的话音落,便疯狂地拿起筷子,一口气吃掉了两个人饭量的米饭。

我在吃饭的时候,那个农民跟他们讲刚才发生的事,他们很高兴的样子,异口同声地跟我说:

"你太明智啦,你做出了相当正确的选择。"

那天晚上,我沉浸在空想当中,整夜都没合眼。我为什么这么不明事理呢?当初因不能远离指挥部附近,加上层层的哨所,确实找不到机会,局势恶化我到处逃避的时候,有几次是可以趁黑暗的夜色,悄悄地跑到军警那里的。但又认为,我那样做等于自杀。一晚上,我恨自己缺乏判断力,后悔自己这段日子里太愚蠢。聚集在白鸦山上的约4万生命,才过一年多的时间,就牺牲了39500人,现在只剩下500多人,我能活下来就算是一个奇迹。

我连做梦时都思念父母兄妹,现在我可以和他们相逢。可是,他们现在还过得好吗?如果还健在,他们现在怎么过日子呢?一个一个的疑问接连不断地浮现在脑海里。天刚一亮,从外面传来人的咳嗽声,他一进屋,不顾一切地用力握住我的手跟我说:

"这是怎么回事啊!"

"太辛苦你啦!谢天谢地呀!"

他说自己刚听到我的消息,然后接着说:

"昨晚上,在我家里还有一个人自首啦。"

听到他的话,我心里充满好奇。

"大叔,不好意思,麻烦你把那个人给我叫过来好吗?"

他马上回答说:

"好,我马上去把他带过来。"

他跑出去一会儿就给我带来一个人。这个人原来是机要科的孙宗泰。孙宗泰是光州第一高中学生,进山以后,我和他交了朋友。原先机要科的一个科长患了胃肠病,被调到地区党部。后来又来了一个叫洪银哲的科长,他来自务安郡一老面,他也患上冻疮。因此,机要科的统计员只剩下孙宗泰一个人。孙宗泰向我扑过来拥抱我,不停地哭泣。

这会儿,房东送来早餐,有我梦寐以求的酱汤,还有烤鱼,萝卜块。我说了一声谢谢,很快吃掉了一碗米饭。这时候,从外面传来脚步声。

"就是这个房间。"

我从门缝里朝外面看了一眼,来了五六个警察,我走过去给他们开门。

"好哇。同志们,受苦啦!"

说完,拉着我的手接着说:

"跟我走吧。"

我们去的地方是武警部队办公室,门前停着一辆吉普车。车内有两个头上戴防寒帽的人,一个人带了有3枚木槿花的肩章,另一个人带了有两枚木槿花的肩章。这时又来了一位有6枚木槿花肩章的人,他们一一跟我们握握手。

"同志们辛苦啦。我们欢迎你们回来。"

说话的人叫申相旭,他是智异山地区武警部队司令员;带两

恨之入骨的白鸦山　119

枚木槿花肩章的人是某警监；另一位眼睛很大，大鼻子，厚实的嘴唇，他是作战参谋金廷玉总警。

我们乘坐的吉普车沿着山脚疾驰而飞，不一会儿就到了市里。

我们到达设在谷城郡住岩面住岩小学的前方CP（前沿指挥所），把车停在校园里。在司令员的带领下走进一间教室里。突然，我差点大声叫喊，我见到了许多熟悉的面孔，包括黄正昊、金正实在内，几十个保卫队队员正在那里养伤，他们也认出我来，显得很高兴。

保卫队员黄正昊40多岁，来自长兴郡有治面。去年冬天，指挥部要员们逃到一个小山坡的时候，看见一个黑黝黝的脸，用破烂的毯子盖住头的人，正朝我们慢慢地走过来。

"谁呀？"

我们朝他喊了一声，可他没有回答我们的话，仍走自己的路。我们觉得很奇怪，便端起卡宾枪，慢慢地走近他。他并不是什么可疑的人，而是全身几乎都被烧伤的人，着实让我们吓了一跳。从现代医学的角度看，一个人的三分之二被烧伤时就难以救治。他脸上的皮像干裂的稻田一样，难以分辨他到底是谁，令人恐怖。敌人从空中投放汽油以后投掷燃烧弹，他瞬间烧伤了身体。后来他被警察部队收留，奇迹般地保住了生命，伤愈后，他被安排到警察部队的炊事班里当了一名炊事员。

当时的普遍情况是，一旦被国军逮捕或者向国军自首，都会先押送到俘虏收容所里，但警察部队却不同，申司令员采取仁和政策，让得到治愈的伤员们回故乡，而把其他活捉的人和自首的人编入宝亚莱部队。最终，被仁和战术感动的宝亚莱部队屡次取得了赫赫战功。

穿过几个教室,我们到了司令员的办公室。

"请你们坐到椅子上。"

司令员客气地跟我们说完以后,接着向我们提问:

"这段时间里,你们都干了什么工作?"

"哦,我在总部机要科负责统计工作。"

"总部的机要科。那你是核心干部啊。好啦,副官。你把他编入宝亚莱部队里。"

"我叫朴湧在。"

"好。你做过什么?"

"我在总部负责发行了报纸。"

"你说什么?报纸?你是说《游击队员》吗?哇,你是宝物级别的人。那个令人赞叹的水平,原来出自朴同志的手。你有那么优秀的才能,怎么会……人的事真不好讲。反正太好啦。今天立刻向他发放巡警任命书,安排到作战机密室里工作。"

当时我怀疑自己的耳朵,我没听错吧?昨天他们还把枪口对准我,恨不得毙了我……我突然想起一句话。俄日战争期间,在签署旅顺条约的仪式上,乃木希典名将和斯特塞尔感叹的那一句"昨天的敌人成为今天的朋友"。我深深地感动,眼圈突然变红。然后,司令员跟副官这样说:

"你给我安排一下。先让他们洗澡,给他们理发,发放制服。"

他又下达命令:

"作战参谋听好啦。今天战果累累。立刻给治安局发电报,击毙200个敌人,逮捕30人,缴获150个武器,其他大量反动宣

恨之入骨的白鸦山 121

传文件。"

　　我当时就觉得，他是一个非常能吹牛皮的人，担心他怎么负责自己说过的话。申司令员原来是一个小学老师，他从级别最低的巡警干起，依靠自己熟练的口才和夸夸其谈的本领，晋升到警备官（道警察局局长）。上级随时派来治安局或者国会议员团的监察班，但明明知道他说的是谎话，也没办法整治他。可想而知，他骗人的水平相当之高。后来，我得到了他的宠爱。

武

警

武 警

智异山地区武警部队司令部设在南原火车站。前方CP作战科里有参谋金廷玉总警和文熙斗、尹田、朴强植等三个警士加五六个警卫。另外,还有来自谷城郡的朴宗春担任主任,他曾当过日本关东军,性情暴烈,在中央有巨头级别的后台,平时到处闲逛,老实待在工作岗位的日子屈指可数。他身材魁梧,性格豪放。他经常夸我是帅哥,我俩的关系特别好。每次手下人给他敬礼,他总还以拳头礼,所以被大家称为拳头主任。

我洗完澡,剪完头发,穿了一身警服。然后,按照作战参谋的命令编制一份《作战日报》。司令员和参谋看完后,拍手叫好,赞不绝口。司令员高兴地跟参谋说:

"作战参谋!今晚为朴巡警安排一个聚会吧。"

天刚黑,露天式聚会开始,有药酒和猪肉、面包等。过一会儿,生在日本、解放后回国的文熙斗警士用饶舌的语言唱了一首歌。

　　　昨夜战死疆场的战友
　　　嘱咐我们帮他传信
　　　我们的小队长让我们

帮他告诉故乡的母亲
他勇敢地战斗到最后

　　他一边唱歌，一边跳欢快的日本舞蹈，把大家逗得开怀大笑。当过满洲部队士兵的朴强植警士也来了一首。

啊哈，一个一个来吧
我们是中国的工人
我们是中国的生意人
有一天我们吃两个馅饼
没给钱
老板跟我们要钱
挺好啊，挺好啊
我们什么也听不懂啊

　　他的长相也酷似中国人，他模仿老板手足舞蹈的样子，惹得大家一阵爆笑。
　　这时，参谋点了我的名：
　　"这回，该轮到朴巡警了吧。朴巡警，你来唱一首。"
　　"唱一首在山上学到的歌吧。当作告别歌。"
　　"好哇！我们都赞成！"
　　大家顿时热闹起来。

勇敢的西伯利亚人
从叶尼塞河和森林

为解放祖国的山河

涛涛不绝地聚集在这里

勇敢的西伯利亚人

生活在叶尼塞河和森林里

广阔无际的西伯利亚大地

我那可爱的西伯利亚

"再来一首！再来吧！"
大家一起热烈鼓掌，不停地叫喊。

"你如果真的爱我

就给我买一双高跟鞋。"

"高跟鞋不怎么样，我给你一双草鞋怎么样？"

"不要，不要，我不要，羞死我啦。"

"你如果真的爱我

就给我买一个手提包。"

"手提包不怎么样，我给你一个竹篮子怎么样？"

"不要，不要，我不要，羞死我啦。"

这是我跟李宗彬学的歌。

当时，李宗彬给我讲一个自己曾经在平壤剧场里观看的戏剧中的一段故事。

有一天晚上，度蜜月的青年男女在说情话，女青年问男青年：

"亲爱的，天上的月亮为什么那样亮啊？"

像一个工人的男青年回答：

"因为他是月亮，所以那么亮呗！"

听到他生硬的回答，观众们顿时捧腹大笑。

文警士当时约有30岁，比我大5岁，他对我同样从日本过来的同胞格外同情，把我当作他的弟弟。他幽默，还拥有柔道四段功夫，虽然身材魁梧，但也是一个特好说的人。

过了半夜，大家都喝醉酒，随便倒在地上，呼呼大睡。可是我沉浸在对往事的回忆中，久久无法入睡。

天一亮，文警士亲自到补给仓库给我抱过来崭新的哔叽制服和内衣、香烟、面包、罐头。

"朴巡警，你过来穿这一身。"

然后鼓励我说：

"朴巡警过去的命运太不幸了。但是所有的一切现在都马上要扭转过来啦。今后做好自己的本职工作，也算是对大韩民国的报答。我们大家从现在起都是堂堂正正的警官。"

我在那儿工作两个月以后，前方指挥所转移到久礼，在离市中心不远的山脚下安营扎寨。作战科里缺少人手，大家又缺乏战斗经历，所以都瞎忙。工作任务连续不断，即使是再有能耐的人也无法承担这么繁重的工作量，但是我夜以继日地工作，大家还是把自己负责的工作分给我一半，但我默默无闻地埋头苦干。

经过一段时间的表现，我逐渐地成为前方CP的宝贝似的人物。参谋有"智异山大棒"的绰号，是高敞人。作为警士来到武警部队以后，用自己的拳头很快压制了那里巡警级别的警员们。他的表现被司令员看在眼里，非常满意。很快晋升到警卫。在部队内部，他得到总警的特别许可，经常佩戴总警肩章。他一得到司令官的信任，就开始横行霸道。总警们见他都怕三分，简直目中无人，可以不问青红皂白，对任何人挥动大棒，但他只有对我不动粗。

我受司令员的宠爱，加上参谋的文化水平太低，所有工作上的问题他都依赖我。每当司令官给他特殊任务，叫他编制对敌宣传稿之类的事时，他就把我叫到旅店的房间里求我帮他的忙。

后来，前方CP从求礼转移到顺天，又从顺天撤退到南原司令部。司令部作战参谋部里有20多个要员，都是警士级别以上的人。我一到那儿就和参谋部里人互相认识。他们看到前方CP送过来的每日作战报告的笔迹，一直觉得很好奇，但不知是谁写的。知道是我写的笔迹以后，他们对我产生了好感，不久都和我成了好朋友。

我被安排到作战参谋部内的机密室。那时候，作战参谋部的要员们以长期进行艰苦工作的名义被调到后方，从后方调来了新兵。因此，以班长文熙斗警士为首，包括机密室在内的大部分作战参谋们都不太熟悉工作，由我带着他们完成大量的工作，所以不分昼夜连续工作几天是常有的事。

除了相关警官以外，任何人不得擅自出入机密室。司令部下面有二零三部队和二零七部队，二零三部队的副队长金敏洙总警偶尔来机密室。

副队长跟我说，他早就听别人提及我，便经常给我零用钱或外国香烟。副队长曾经当过日本海军，长得非常帅，脾气暴躁，依靠政界巨头徐真虎，年纪只有30岁时就当上了总警。不仅是作战参谋，就连司令官也不敢惹他。

有一天，副队长来到机密室里跟我讲：

"朴巡警，过几天，你会被调到二零三部队。我跟司令官已经商量好啦。你不要跟任何人讲，我的车现在停在正门前面，待会儿带上你的生活用品，去上我的车。到那儿以后，你会升级的，这是我对你的特殊照顾。"

"是，明白。"

虽然我马上回答他，但自己也觉得很诧异。司令官不会放走机密室里的首席成员。

可无论如何，我暗自高兴。我马上把东西装进两个箱子里，看到我在忙来忙去，同事们一边注视我一边问我：

"朴巡警，你怎么啦？"

我没理他们，径直走出机密室。要想通过正门，必须要经过司令部的院子，那时大约上午9点钟，正好200多名职员聚在一起开早会，司令官正站在讲台上讲话。我避开那里，从后面跳出来出了正门。有一辆吉普车在启动状态下等我的到来。赵武圣警士坐在司机座位上，见到我后急促地跟我说：

"快上我的车。你是机密室的朴巡警吧？"

这时，有一个作战科里的人知道后跑到早会场通知大家。

很快，副队长从屋子里跑出来，早会场突然喧闹，职员们也跑出来朝我们这边喊：

"不行啊！快抓住他。快点！"

吉普车开始起动，副队长立刻跑过来，顺势扒上了车，赵警士猛踩油门。

我们回头一看，最前面的参谋站在那里狂喊，我也看到了司令官，但大家只能呆呆地站在那里，看着我们消失在他们的视野中。

吉普车以时速80英里的速度飞驰，副队长一边保持很高兴的样子，一边不断催司机再开快一点。

过了一个小时以后，我们到达驻扎在求礼邑里的二零三部队。下车以后，副队长马上把我介绍给自己的副官。

"副官！我有本事吧。这个人就是我常跟你提起的朴巡警。"

"哦，你说的那个人就是这一位吗？谢谢副队长。太好啦。"

"我从别人那里听到了很多关于你的事。现在我们部队内部状况很混乱。为此，我们头都大了，你能来到我们这里我非常高兴。"

说这些话的副官叫吉炫，是一名警卫。几个月前，副队长到这里上任时，特地从首尔把他带过来。后来，我和他还成了结拜兄弟，形影不离地一起待了五六年。我到部队总部人事科上班，没过多久，就了解到他的底细。他不愧是副队长特地带过来的人，业务精通，拥有优秀的领导能力和魄力，他不仅懂得音乐、美术、舞蹈、雕刻等艺术知识还有宗教、哲学、文学方面的知识，简直是一个文武双全的人。而且，还拥有博爱精神，富有人情味。

我逃离司令部以后过了3天，司令官气愤之极，对我做出了免职处理。金敏洙副队长哈哈大笑以后跟我说：

"朴巡警！司令部免去了你的职务喽。"

紧接着他又说：

"过几天，上级又将公布你的警士任命。你不要担心，好好工作。"

到了晚上他就去了司令部。他回来以后的第二天，公布了我的警士任命。通过这件事，就能看出副队长的能力。但一想到这次的像小孩子们玩游戏般的人事变更，我就觉得很可笑。

  从那天起，我和副官开始着手制定各部门的工作制度。花了将近一个星期才做完。紧跟着，补充修改了各种文件和样式的编制规定。没到一个月，经过我们几个人的努力工作，部队的面貌焕然一新。副队长下面的 100 多名各级指挥官们（警卫级别以上）把我举起来，拍了纪念照片。二零三部队里有约 3000 多名官兵，拥有能跟正规军媲美的军力。

  吉炫副官拥有非常优秀的品德和人性。他经常关照包括我在内手下职员们的私生活，甚至卖掉自己手里值钱的私人物品，来帮助生活困难的队员们。有时，一领完工资，就到厕所或者是较隐避的地方，给几个困难的人分发一些钱。

相　逢

　　1953年7月，我第一次坐上了去木浦的火车。那时候，我离别家人已有3年。连队长说他充分理解我的心情，但他极力挽留我。

　　"朴警士最好等一段时间再去。到那时，我可以给你安排我的车，那多像个干部啊。政局仍然还没有完全稳定下来，要是你在村子里碰上"6·25战争"期间和你结仇的人，万一出了事，那可怎么办呢？"

　　我绝不担心过去的恩怨和仇恨，坚持自己的意见，终于得到了5天的探亲时间。

　　就这样，下午3点钟的时候，我到了松丁里站，饿着肚子走过的小路、小溪、战乱年代里藏身的召村里后山和村子一点也没变。大伙现在都怎么过呢？想到这里，突然莫名其妙地觉得好害怕。现实情况若和我的期待有出入，那我该怎么办？

　　我不想直接面对可怕的结果，便拐进一条小路，打算先去找召村里后面的寡妇家，打听我家人的消息。

　　寡妇家是单间房子，位于稻田的中央。她有一个儿子和两个女儿，靠卖米酒维持生活。所以我觉得无论外面多乱，也殃及不到他们家。

我到她家门口，朝屋里喊了主人，寡妇用微弱的声音问：
"哪一位啊？"

听到她干涩的回答声，加上一看这炎热的夏天里还紧闭房门，我就猜到她可能卧病在床。

"大嫂。你好吗？"

我一边说一边推门进屋。果然不出所料，那寡妇躺在床上，旁边的孩子们愁眉苦脸地看着母亲。显然，他们都没有认出我这个穿警服的人是谁。

我跟她说自己是谁，她才慢慢地起身，叹一口气，抓住我的衣裳跟我说：

"哎哟！天哪！我听别人讲，你已经死了，你还好好活着呢。那样老实的好人遇到了乱世，命好苦啊！"

她接着说：

"不知道你父母去了哪里，我没见着他们。其他兄妹也不见啦。我只看到富顺和你的小弟（树雄）上山砍柴，但也不知道他们住在哪里。这些日子也好久没见他俩。"

我听到她这一番话，顿时眼前一黑。我一直担心的事终于变成了事实。他们什么也不知道，而可怜的他们要么走散，要么消失踪影。

我咬紧牙关忍住悲痛，没有哭出来。

这时候，在旁边听母亲讲话的小男孩开口说：

"我知道。他们就住在道山里！"

"哦，是吗？那你什么时候见过他们？"

"前几天我还见过他们。要不我去叫他们？"

说完，他飞快地跑出去。过一会儿，传来跑步声，先跑进屋里来的是富顺。

"大哥!"

富顺跑过来扑倒在我的怀里,放声大哭。我也和富顺一起尽情地哭了。我给寡妇主人一点钱,表示了谢意。然后,我们转身去道山里。

弟弟和妹妹住在朴夏述(曾经跟我一起被监禁在内务署的一个房间,从护国军时期我就认识他)的出租房里。朴夏述这个人富有同情心,在他的帮助下,两个人互相依赖,互相安抚生活到现在。

我们到道山里,10岁大的树雄认出了我,跑过来喊我。

"大哥……"

喊完便大哭起来。

那天晚上,我一整夜听他俩说话。

后来富德(富顺的户籍名字)一直待在新德里的理发店。父母和小妹妹金顺,还有树雄一起,为了去找在别人家里当保姆的宫顺,避难到长盛郡。那里是偏僻的山村,村民们平时到村子附近山上当游击队员,所以随着"9·25"收复日期的到来,进驻那里的军警们把那个村子断定为赤色村,召集大家一一审问。

当然,村里的青壮年要么上山参加游击队,要么被游击队绑架,村里只剩下老幼和妇女。军警向村里的里长下命令:

"在你们村里,有谁在"6·25战争"期间当过干部。把他们的家属全部给我报上来。"

那时候,三四个人被叫出去,其中就有宫顺。

宫顺17岁的时候,她到别人家里当保姆。当保姆没干一个月,主人看好她,便让她和自己的长子结婚。但是,结婚以后没过几个月，就爆发了"6·25战争"。后来，那个长子被选为村里的青年民主联盟委员长，上山当了游击队员。就是这个不幸的姻缘，把她弄成所谓的干部家属，被里长叫了出来。她小时候多病，发育也不太好，所以个子很小，体质也很差，尤其特别胆小。一开始，她站在最后面的位置，后来听到有人喊自己的名字，把她给吓坏了。她走到当时站在中间位置的哥哥文才旁边时，用求助地目光看着哥哥，悄悄地说：

"哥，我该怎么办啊……"

妹妹希望哥哥能帮她，当然哥哥在这种场合也无能为力，也没有时间跟她说话。警察本来就要找干部家属，文才也担心自己因讲一句不中用的话，害怕被别人认出来和她的关系，便低着头默默地站在那里。

走到前面的三四个人，被手里端枪的警官拉走。警察又继续对村民们讲话。过一会儿，从山谷远处传来几声枪响，

"砰砰，砰砰！"

文才顿时觉得不妙，太阳快要落山的时候，他跑到山谷那边去看，真是惨不忍睹。

他发现了宫顺的尸体，头发全部散乱，无法看清她的脸。当时宫顺长长的头发上绑了一条辫绳，她可能做了最后的反抗，很明显，她是从背后被警察向头部开枪致死的。

文才花一个晚上的时间，徒手挖土后，把可怜的宫顺安葬在山上。后来，村里又来了一支部队，在部队里见到一个熟人，当即报名参军，跟着部队去了前线。

长盛郡是蜜橘之乡。父亲为了维持生计在那里背一点蜜橘。沿着铁路边走边叫卖，一直叫卖到松丁里。有一天，父亲来到松

丁里去见姐姐，跟她提议说：

"我再卖几趟，就能攒到一点钱。到时候，我们买一间木板房一起住下来吧。"

从长盛到松丁里的路上，有一个林谷站，从林谷站到松丁里还有两站地，而林谷站旁边有派出所。有一天，派出所里的警察出来搜查行人的时候叫住了父亲。

那时候，松丁里一家餐馆主人的儿子李虎盛在林谷派出所里当主任。他担心自己曾经诈骗我的事被传出去，便让一个叫朴俊基的巡警去处死父亲。朴俊基把父亲带到附近的山上杀了父亲。那个派出所里有一个姓朴的是我朋友，也在那里当巡警。在一次偶然的机会我见到了他。他详细地告诉了我实情。朴某人和李虎盛也是朋友关系，当时他也劝告过李虎盛，但他态度很坚决。身材魁梧的朴俊基在派出所里当二把手，而且家里也有人被劳动党杀害，所以没有人能挡住他的愤怒和仇恨。那天正是阴历十月十七日。

父亲53岁的时候，就这样不幸地离开了人世。在那个动荡的年月里，遭到如此不幸命运的人不只我一个人，只能怨自己的命运不济。那时候，母亲不知道父亲遭到不测，苦苦地等父亲回来。后来母亲听到父亲去世的消息后精神失常，在树雄上山砍柴的时候，她带顺任走了，至今不知去向。当时，大家受不了极度的饥饿，我也能理解母亲实在没办法解决3个人的生计，便留下树雄出走，又想到幼小的树雄，觉得母亲做得有点过分。当时树雄才9岁，他每天到处去找母亲和姐姐。

"妈妈！姐姐呀！你们在哪里？"

树雄到处去找亲人，又饿又累。刚开始房东也给他吃几顿饭，过两三天，他也不理睬饿着肚子睡在冰冷房间里的树雄。于是，他自己沿着200里长的铁路回到松丁里，和那时在新德里理发店干活的富顺见面。瞬间成为孤儿的俩兄妹，一见面就抱头大哭。

当时，富顺在那里当学徒，主人看不惯和她在一起的树雄。树雄一看主人的脸色不对，便离开了姐姐。他尽量逃票乘坐火车或者公交车到处走，到旅店或宿舍的厨房求求人家，勉强解决了食宿。那时候就是"6·25战争"爆发的那年年底，他实在受不了痛苦的日子，想起了有可能在霎严某地居住的叔父，便去霎严找叔父。

到坪里打听消息，知道叔父住在西湖面獐川里。他找到叔父，叔父在附近獐伏洞开一家服装店，便住到他家里。树雄每天去附近的獐川小学的操场玩。有一个老师看到他每天过来玩，觉得很奇怪，就跟他闲谈。老师知道详情后，去找叔父，劝他把树雄送到学校念书，而且学杂费免除。就这样树雄到这个学校念书。树雄和其他同学比起来，晚上两个学期，过了两个月以后，他在班上取得了第一名的成绩（在一次偶然的机会和在松丁里劝树雄上学的老师见面，了解到这些详情）。

可是，在班里学习成绩第一名的快乐和荣誉对树雄来说，只不过是一场梦而已。住在叔父家不到两个月，即第二年2月份，在大雪纷飞的冬天里，他从叔父家里被赶出来。他独自翻过在那个地方以险峻而有名的风陵，重新回到了松丁里。

我家祖父是双胞胎兄弟，弟弟没有亲生孩子就收养了叔父，而叔父那时也没有孩子，所以叔父理应收养文才或树雄，但叔父是一个放荡的人，连换了四个叔母。虽然和最后的叔母一直到老，但来自海南的前叔母带来一个和前夫生的孩子。她想让自己的儿子成为继承人，所以把树雄赶出了家门。

回到松丁里，兄妹俩又重新聚在一起。他们到朴夏述的家，租了一间房子住下来。那时候，姐姐在荣山浦的一家餐馆干活，经常给他们一点钱，让兄妹俩勉强过日子。就过样，三个兄妹在这个世上一起过苦难的日子。听到这些话，我哭了一晚上。

天刚亮，我带弟弟和妹妹到荣山浦找姐姐。姐姐一见到我发疯似地扑过来，抱着我哭了很长时间。

充满戏剧性的相逢以后，我的假期也快到了。我把自己存下来的钱全部给弟弟和妹妹后回到了部队。

我回来后，过了3天，部队转移到河东。我和几个要员留下来花两天的时间，各自整理完自己的事务。我独自坐公交车去了部队。我乘坐的公交车快到河东的一个较小的面的所在地，朝西缓缓前行。我无意中看了看窗外，见到一个女乞丐在路边徘徊。

虽然是刹那间的事，但我觉得她好面熟，于是我拼命地回想。公交车驶离面所在地以后，我才想起她是谁。那个女乞丐正是原先我住在白鸦山时的吴夫人。当时吴夫人在她家给我们出版科的人们给予了很大的照顾。我叫司机停车，下车后快步跑到吴夫人刚才待的地方。吴夫人患有精神病，算乞丐当中最差的乞丐，惨不忍睹。有不少人在那里围观她，所以虽然我一口气跑到她的跟前，但一到那里却没有勇气马上认她。我只好站在一旁，也和其他人一起看着她，看到她可怜的样子，我不知不觉中在旁边大声叫了她：

"大嫂！……"

吴夫人瞧了我一眼，微笑着。我从她的笑脸中，绝对能看出来她已经认出我是谁。

我给吴夫人一点钱,她把钱拿到手里,给我磕了头。

河东坐落在穿过庆尚南道和全罗南道边界的蟾津江下游,隔这条河和光阳相望,是一处山清水秀的好地方。

部队总部设在市里的一所小学里。我们人事科里共有9个人,以吉炫副官为首,还有我和后来当上总警、毕业于首尔大学的宋东善、郑东仁警士、年纪轻轻19岁就当警士的张勇浩以及其他几个警士。最小的张勇浩警士叫我哥哥,总黏着我。由8个实力较强的成员组成的团队工作起来很利索,经常干完手里的工作就无事可干。

"工作要迅速,争取更多的休息时间!"

这就是副官一直提倡的,所以白天只要完成自己的工作任务,就可以自由安排个人时间。因而,我们经常到离办公室约有300米的蟾津江去玩,要么游泳,要么抓鱼。

抓鱼时我们经常使用手榴弹,手榴弹在水里爆炸以后,虽然水面上浮出无数的梭鱼和马口鱼,但我们只能捞到其中的几条鱼,其余的都顺流而下。那时为了抓鱼,我们到补给科打报告,领来一箱手榴弹,里面装有50颗,抓鱼时用几颗,剩下的出门时带在身上。

晚上,为了躲避7月的炎热,我跟曾经在人事科深交的郑东仁、宋东善以及张勇浩一起到河边的沙滩上过夜。

战争爆发后,已经过了很长的时间,得到美国等国际盟友的援助,虽有充足的武器弹药,但其他物资还不是那么充足。除司令部和部队总部之外,前线士兵中也有人还穿旧军服、草鞋。每天参加爬山、下山的搜捕战确实很辛苦,所以在凉爽的沙滩上搭帐篷休闲可以算是相当豪华的生活。

  部队随着游击队的出没随时转移兵营,当时游击队也陷入困境,把据点转移到智异山和白云山上。于是,没过多长时间我们离开河东去了光阳。

结　婚

1

　　部队转移到光阳，把总部设在木城里一处老树参天的地方。

　　在部队总部的一排排帐篷旁边，有十几户人家，民宅旁边有200多平方米大的池塘。苍苍的绿荫加上凉爽的池塘，这里简直是一处绝佳的避暑山庄。

　　我们来这里不久，搜查队员们在老姑坛附近，抓到了三四个俘虏，其中还有一个漂亮丫头。按规定，要上交司令部，但副队长把这个丫头安排到医疗科。丫头20岁刚出头，身材修长，性格温顺，少言寡语，总喜欢找安静的地方独自沉思。

　　有一天，副队长叫我。

　　"朴警士，我有一个提议……我是说医疗科的那个丫头。我帮你促成你们俩结婚，到时候大家凑钱，办一个豪华的结婚仪式，你想不想跟她结婚？"

　　我大感意外地回答他：

　　"就是啊。可是……"

　　"你仔细想一想，不管是谁都不能一个人过一辈子。我觉得这次是很好的机会，希望你好好考虑一下。另外，我命令你跟她见面，看看她的意思如何。"

当然，我对副队长近乎强迫似的想促成我俩的意思非常感激，但是我觉得这种强制性安排确实很可笑。从那以后，我经常思考我的将来。而且，副队长不仅只给我施加压力，也和那个姑娘经过交流，命令她跟我接触。

于是，我假装头痛、拉肚子，常到医疗科查看她的眼色。但经过多次对眼，我发现她也逐渐地进入不太正常的状态。自从谈起那件事以后，将近过了一个月，我仍没有勇气约她谈话。可一旁的副队长却等不急了，有一天就跟我说：

"朴警士，你一个男人怎么这样胆小啊……今晚9点，你去医疗科后面的柳树底下看一看。"

我立刻明白他的意思，他想今晚促成我俩见面。

我焦急地等到9点，悄悄地绕过医疗科的外墙，绕过一口井走近柳树林，到那里一看，她早就站在那里等我。我们没有说话，就直接坐在那里。沉默片刻，我开口跟她说：

"早在一个月前，副队长就给我下命令。这段日子里，我过得很痛苦。我知道，姑娘也跟我一样，从副队长那里……"

"是啊，我也大概有一个月了。就是从朴先生来到我们医疗科看我的时候开始，我也猜到了大概。在这段日子里，我苦恼了很长时间，还担心自己不幸的命运和处境。"

她痛快地回应了我。每个人当然要面对现实，而苦恼本身就是对某种目标的反复思索。我一想到这儿，对我俩接下来的谈话更充满期待，并且能轻松地亲近她。

"我能理解你。遇到这种情况人有苦恼，是再正常不过的事。而且我也有同样的感受。副队长为促成我俩的事而着急，但为这种跟一辈子相关的大事而做出决定时,不能轻易被别人左右。可是,既然到了这个分上,我们应该通过坦诚的交流,要相互理解对方,并推进这件事。今天我俩来到这里的目的,也就是想把自己的意见传递给对方。"

这次,她犹豫了半天才说:

"是的。我明白了。我叫全英鲜,今年21岁。我念金日成大学期间,被选上政治工作要员来到南方工作。"

金日成大学的学生?我用惊愕的表情看着她。

"我现在非常孤独,感到凄凉。自从我的处境变成现在这个样子以后,我始终沉浸在厌世主义的悲观情绪之中。"

从她的每一句话中能听出来她作为一个大学生的水平,她具备了较高的文学素质。

"可是,自从副队长的劝告以后,我觉得自己重新找到了生活的希望。我设计过自己新的人生,也想过关于和朴先生……"

讲到这儿,她就没有继续说话,我抓住机会反问她:

"关于……你是怎么想啦?"

我这样一追问,她害羞地低着头,用一只手挡自己的嘴。

"英鲜,我明白啦。我这里已经做出自己的决定。我也认为你表示了同意,我将制定新计划。"

说完,在我即将要起身的一刹那,英鲜紧紧抓住我的手腕,一边拉一边说:

"朴先生!今晚你就这样走吗?我俩彼此都同意,事情也到了这个分上,我想和你多说说话。况且,这也是副队长出马的事。今晚请你到我的宿舍,和我多聊一会儿。"

在部队总部里,各个科都在自己的帐篷里办公,但医疗科却借一户人家的房子。一间房当作理疗室用于给患者治病，另一个房间用作护士们的值班室兼寝室。医疗科里除两个医疗官以外，还有医疗队员和3个护士。英鲜在医疗科当护士助理。来医疗科看病的多是肚子疼的患者和头痛病患者，在战场上受伤的重伤员都要送到南原司令部的警察医院，所以这里比较清闲，除了一个护士住在治疗室以外，其他人都不住在这里，这个宿舍等于就是英鲜一个人住。

房间里堆积一些药品，角落的矮桌子上面有一个设计效果不错的书架，里面摆着几本医学书籍。桌子底下还有一个包，里面装的好像是她的衣物，旁边有两张叠好的军用毛毯。进屋以后，我呆呆地坐着，英鲜也来去摸自己的手指。俩人都不知道怎么开口才好，就那样待了好长时间。忽然我看到挂在墙上的画框，那幅画是米勒的"晚钟"。我鼓足勇气说：

"英鲜！"

和一开始的交谈一样，英鲜先提议让我到她的宿舍，所以我认为她已经下定了决心，并且我从她的一举一动中，能充分感受到这一点。

"我非常喜欢这幅画。"

"是啊。我也很喜欢，米勒的晚钟。"

"确实是一幅世纪之作，仔细欣赏，就能从画中看到希望、光明、勤奋、宗教、爱情以及诗意等等。"

"朴先生的感情很丰富，美术方面很有造诣。"

"不是的，我只是听别人讲过。"

其实，我从小就喜欢美术，也具备了一定的天分，但因为没有具备专业美学知识，所以想极力地转换话题。

"英鲜，我们暂时不要谈这些枯燥的话题，讲一讲更轻松的话题吧。比如讲讲你成长的故事和经验之类的，也可以谈谈你的恋爱史。"

"朴先生！我打断一下，您说话太轻率。我活到现在，连求婚和男朋友都不知道什么意思。这说明我很纯洁呢，还是天真呢？"

英鲜虽然慌张地这样说，但脸已经红到脖子。我向她求饶地说：

"哎哟！真不好意思，我失言了。我收回刚才说过的话，希望你宽恕我。"

英鲜也马上心一软，脸上露出笑容，跟我说：

"没事的。"

接着，她谈起自己的家乡和家人。英鲜的故乡是吉州，吉州位于咸镜北道的南端。她出生在山村里一个普通的农民家庭，家里有5个姐妹，她排行第5。她上小学（好像也叫普通小学）的时候，父亲离家出走。当她还有几个月就毕业的时候，父亲被领导叫过去以后至今也没有音信。她认为，父亲可能被作为间谍派到南方了。她父亲是一位非常善良的人，胆子也小。

她小学毕业的时候，只有几个姐姐向她表示祝贺，比较凄凉。不过，在清津市党委当干部的表哥把一双绣花鞋（用皮革做的花鞋）作为毕业礼物寄给她，这双绣花鞋着实让英鲜高兴了好几天。

有一天，她找出母亲藏在箱子底的绣花鞋穿在脚上，去附近的村里，想跟住在那里的同学们炫耀一番。半路上不小心踩了泥地，弄脏了鞋，便到小溪边洗鞋上面的泥土。可是不小心一只鞋掉进河里，前几天刚下大雨，水流湍急，她没能捡回鞋。回到家后她怕母亲骂她，便打破储蓄罐取出钱来，去清津找她的表哥，表哥很欢迎。她家的情况有些困难，继续念初中的机会不大，所以她跟表哥讲自己想继续念书的愿望，并求他帮忙。表哥欣然答应。就这样，她到市里的一所女子学校念书，学习成绩在班里自始至终第一名。后来她又升学到高中。念高中二年级的时候，表哥得到晋升，调到中央党部。他每月寄钱给她，得以让她继续念书。快要高中毕业的时候，表哥寄给他一封信，信中提议让她报考金日成大学。那年春天，她满怀梦想地跟表哥一起上了去平壤的火车。她在非常高的入学竞争中脱颖而出，顺利考上了大学。

英鲜大致讲了自己的故事。接着话题转到无法释怀的故事。

我们俩交谈一会儿，营造了很亲热的氛围。夜很深了，过了12点。

"英鲜，太晚啦。我们改天继续聊吧。"

"朴先生！我想多跟你聊一聊。我们俩的事是副队长撮合的，你还担心什么？"

她拽住我的裤子，想让我继续坐下来。英鲜大胆的行动，让我觉得有点过分，但我还是不得不继续坐在那里。我看英鲜的表情，能看出她对自己刚才出格的行动有所后悔，但她马上又开始讲起自己的故事来。

英鲜在大学学习成绩一直很好。表哥家人多房子小，她就过寄宿生活。她寄宿的家里的主人是非常恩爱的年轻夫妇。女主人是一个风骚的女人，男主人也很喜欢她。每天晚上，隔着纸扇门的主人房间中传来女人娇滴滴的声音和男人大口喘气的声音，使正处于豆蔻年华的她难以入睡。"6·25 战争"打响,她便作为一个政治工作员被派到南方。讲到这里,英鲜突然显得很冲动,眼睛充着血,我自己也觉得脸发烫。这时英鲜起身从桌子底下拿出毛毯,随便铺在地上后走到我身后抱住了我。她把脸贴在我的背上,跟我说:

"朴先生请你饶恕我。我现在太兴奋了,无法忍受,浑身发抖。"

英鲜从身后伸过来头让我吻她。我俩猛烈地亲吻,紧紧抱在一起倒在毛毯上。就这样,我俩在火热的爱抚中过了一夜。她说从今晚开始她要把自己最宝贵的一切献给我。我们俩彼此承诺对方,要过崭新的生活……

但是我们俩的海誓山盟最终化为泡影。

我每天晚上去找英鲜,自然在那里过夜,一晚上我们谈情说爱。可是后来我才发现,她是一个非常淫荡的女人,那天晚上她的一切行为,只想满足自己无法忍受的性欲望。没过几天,她说话的口气发生了变化,我能听出来。

宝亚莱部队的一个士兵经常过来找她,他也是从北方来的。我告诉副队长最近发生的事。

过了几天,在宝亚莱部队里发生了越北未遂事件。主谋就是常过来找英鲜的那个男人和他的一个同事。英鲜也参与了这次事件。

他们被逮捕后军事法庭进行宣判,找英鲜的男人是主谋,被判处死刑,而英鲜和另一个人以教唆罪名被判处无期徒刑。

我跟副队长去军事法庭旁听,坐在最后面的一排。退庭时我走近英鲜,她瞧我一眼后就低下了头。

2

  我觉得英鲜很可怜,但这件事也伤透了我的心,我的心灵受到很大刺激。从那以后,我经常陷入沉思当中,想着自己的将来。

  假如将来我跟部队一起参加作战遇到意外,幼小的弟弟妹妹们怎样过日子呢?

  类似的问题常常使我苦恼,随着时间的推移,我越来越为家人揪心。弟弟和妹妹们还很小,谁会养育可怜的孩子们呢?和英鲜交往,情感上受到的伤痕还没有完全愈合,将来我会遇到什么样的伴侣呢?只为结婚而找对象的话,历经风霜的女人反而是否更适合我呢?如果和那种人组成家庭,我要怎么解决经济问题?

  其他队员们都在部队的餐厅里就餐,条件较好的几个人领取粮食后在村里的人家中解决吃饭问题。我按照副队长的指示领了双份报酬,我把用餐安排在人事科帐篷后面的金某家里。金某家中有一对老夫妻,还有40多岁的寡妇女儿住在娘家。老夫妻表面上对我很客气,但却很抠门。除了给他们粮食以外,我额外交一顿200块的餐费,但他们给我做只有50块的饭菜。不过他家的女儿却很照顾我,偶尔还给我吃鸡蛋之类的。她常坐在餐桌旁,跟我说准备饭菜的难处。有一天她跟我说:

  "朴警士!明天你有空吗?我看你工作很辛苦,我们不如一起去海边轻松一下好吗?海边离这儿有30分钟的路程。在那儿,我们可以捡很多海带、鲜紫菜、蛏子、螃蟹,等等,给你做好吃的菜。"

  我痛快地答应她,到时一起去海边。

那天是我到她们家吃饭的第 6 天。家里有三间房，主人夫妇住一间，寡妇女儿住对面的房间，另外一个租房的女人住挨着门的房间。

我和寡妇女儿约好去海边的那天晚上，租房住的女人第一次回来。那个女人把背包随意扔进屋里后进了厨房。能看出来那个女人很勤奋。不久，那个女人端饭来到我的跟前。这时候，寡妇女人马上追过来，把鸡蛋放在饭桌上，皱着眉头说：

"你这个人啊！不要做没让你做的事！"

寡妇这么一讲，让那个女人很难堪，但她还是很有礼貌地，也带有一份撒娇的样子跟我说：

"菜不多，请慢用！"

"哪里的话……那我就不客气啦。我不会嫌饭菜不合口的。"

寡妇女人在一旁听到我们俩的谈话，不好意思地独自回了厨房。

我在院子里的平板床上用餐，那个女人坐到床边看着寡妇的饭菜跟我说：

"这都是什么菜呀！真是的。"

"就是嘛。我除了带来粮食以外，每顿饭还交 200 块，是有点过分啊。"

我对这几天的饭菜大有不满，就跟毫无相干的那个女人发了牢骚。

"一顿饭收 200 块的菜钱？哎哟，太过分了。如果是 200 块，我能给你做更好的菜。"

"是吗？可是……"

我们俩聊了一会儿。

第二天，天刚亮，主人家的女儿为了准备去海边忙来忙去。吃完早饭，我们如约走出家门，大约过了一个小时到了海边。那里是蟾津江下游的入海口附近，看不到大海，但跟海边差不多。没过半天工夫，我们捡了一篮子满满的贝壳、鲜紫菜、海带。我看见有人留下的脚印处有东西在蠕动，过去捡起来一看，是小拇指大小的龙马。我们坐在巨石缝里吃午饭，当我大概吃了一半的时候，主人家的女儿跟我说：

"朴警士！你的菜少了吧？"

说完，她靠我身边坐下来，看一眼我的饭菜，用下颚比划，意思是让我用筷子夹她饭盒里的泡菜。我一边笑，一边要夹菜的时候，她笑着跟我说：

"今天，你玩得高兴吗？"

"是啊！我玩得很高兴，真有意思。"

我回答她的一瞬间，她把身子挨过来，缠着我说：

"你怎么这么没有心眼……亲爱的！这些天我爱死你了。如果我能跟长得像你这样的帅哥过日子，死而无憾……你听懂我的意思了吧。你带我到无人岛，我们俩在那里一起生活，好不好吗？嗯……"

在这没有人烟，类似无人岛的地方，她像一个小孩跟我撒娇。然后很肉麻地缠住我的脖子强行地吻了我。

她提议今天到海边捡东西，这里的海边非常好玩，都是有目的的。

比我大20岁的女人强迫跟她结婚，这与其说是一件可笑的事，不如说恨自己没有跟她说拒绝的话。长时间处于性饥渴状态的寡妇女人，像一只发情的母老虎一样向我扑过来的时候，我很难拒绝她，如果拒绝她，她可能会诅咒你，或记仇的。想到这里，我顿时感到一阵恐惧。

她担心我对女租户有什么感情，看我始终不开口，用充满嫉妒的语气跟我说：

"那个女租户是个没用的废物。好几年前，她就患了梅毒，这辈子她生不了孩子。说句实话吧，你跟我这样的人过日子才能得到尊贵的老公待遇，你也不用干活，我会卖命干活赚钱来养你的……"

我非常讨厌她这么纠缠我。

"娘子，我听明白了，懂你的意思。我父母已经去世了，但我总得跟家里的兄妹们先商量商量吧。我向他们介绍你是有钱的好女人。"

她听我这么一讲，也没有法子，只好要我尽快给她答复。她假装摸摸头，露出自己雪白的乳沟，也不遮住被风掀起来的裙子，露出大腿，微笑着正在等我朝她扑过去。我想，如果这样继续待下去，自己迟早会被这个骚妇吃掉，便骗她说自己下午要向司令部发送报告，艰难地脱身回到了家。

回到在帐篷里，我整理了上午耽搁下来的工作。到晚饭时间，去了金某家。进去一看，饭还没熟。我正想要坐在平板床上等晚饭的时候，女租户从屋子里出来，她一边微笑，一边坐到床上，轻轻地问我：

"我打扰一下你，以后我给你做饭怎么样？"

"我对你的提议非常感谢。可是，我看你是做生意的，你怎么能每天给我烧饭做菜呢？"

她微笑着回答我：

"哦，没关系的，我有办法。"

从那以后，我就在她那里吃饭。我连续吃了几天饭，发现她自从开始给我做饭以来，几乎没做什么生意，一直待在房间里不出门。

1952年阴历六月十七日，月圆之夜，我吃完饭，我问租户女人：

"打搅一下，过一会儿你能到荷塘边吗？我有话跟你讲。"

她说：

"不，如果被别人看到，那我怎么说啊……"

但她马上又答应我说：

"好的，我知道啦。"

夜很深，四周静悄悄的时候，女人脚步轻轻，小心翼翼地向荷塘边的老树走来。她走到离我五六步远的地方看到我，因害羞站在原地不动。

我一边走近她，一边跟她说：

"你过来啦。"

我俩静静地坐在老树底下。谁也没有开口，我捡起石头往荷塘里扔，她转身苦苦等着我开口说话。

"喂！"

"是。"

"这几天，关于我俩的问题，我想了很多。我的命苦，现在一个人过。我分析过你的情况，也查过一些事。现在我不管你的意思如何，我这边已经下定决心要跟你结婚。这么讲，我是不是太草率了……"

"我也大概猜到了一些。我也是苦命的人。活到现在觉得真累。我是一个受过伤害的女人。你如果救救我这个女人，我将为你……"

我们紧紧握住对方的手，彼此承诺，将来要一起过日子。我给她谈了自己要跟她结婚的第一个条件，要她从现在起作为我弟弟和妹妹的保护人，照顾他们一直到长大成人。她欣然表示同意。她向我保证一切，开始给我介绍她的情况。她的名字叫做郑富南，今年26岁。她出生在日本的名古屋，毕业于锦城女子学校。解放后，回到韩国。回国时，家里虽然带来一些财产，但随着母亲的去世全部挥霍了。她在7个兄妹中排行老大。她下决心要做生意，在无情的社会生意场上，尝尽了各种苦头。然后，我也跟她讲自己的故事。说着说着，过了晚上12点。我们约好第二天在市里的公交车站见面，便各自回家了。

第二天，在约好的时间里，我去公交车站等她，可是没看见她。我在那里等了两个小时，心情特别糟糕，就坐末班车回来了。路上我去一个小卖店买西瓜吃。小卖店有一个女人，她算是一个大美人。早在我认识她之前，补给科的文巡警和总部中队的朴警士等人都看好她，给她送过饰品等礼物。朴警士还骗她来到某饭店向她求过婚。

我在小卖店里吃完西瓜，擦着嘴，刚要走出来的时候，突然撞上了那个女人。她看到我叫了一声，"哎哟！"脸一下子变红。不知这是否意味着我俩有缘分，在那一刻，她在我的眼里美如天仙，我从来没有见过比她更好看的美人。

她把我带到邑里的姨妈家。她姨妈家里还有姨妈的奶奶和姨侄东焕。她的姨妈叫金善姬，30岁左右的寡妇，也是一个美人。她在教会当一名传教师，给我传教的时候，讲了"基督教复临派"。

我俩进屋，静静地坐在那里。一会儿她的姨妈进房间跟我说：

"她从日本过来，没有什么文化，希望你多照顾她。"

就这样，我认识了她的姨妈，我当场向她表示我的决心。我记得，我第二次到她家的时候，她还求过我，要我帮她介绍一个好男人。后来，我们俩的订婚和承诺都是在善姬姨妈家里促成，所以我对姨妈产生了更亲切的感觉。几年以后，我的孩子勋儿和仙儿出生，我只要去光阳的丈母娘家，一定会先到姨妈家，但是我每次只能见到奶奶和东焕，再也没有见过姨妈。

那天晚上，我们回到租赁房，只摆放一碗净水，互相拜一拜后，决定了终身婚约。

那天是1952年7月24日。

从这一天起，我妻子不做生意，开始整理期间的赊账。很奇怪，妻子的朋友都是清一色的年轻寡妇，她们过来吵闹着给我们俩庆祝，让我觉得很不自在。

妻子在外头的赊账也没有多少，我们用我的积蓄置办了新家庭。那一年9月份，副队长被免职。当时，巨头级别的政客，徐真浩国会议员开枪打死一个军官，称自己的行为属于正当防卫，但社会上议论纷纷，造成极坏的影响，最后他蹲了监狱。这样一来，副队长也失去了靠山，只能被免职。

副队长被免职后，我也得到命令，叫我马上到司令部报到。

"你曾经讲过，如果我死了，你将为我穿丧服，可你还背叛我！"

我一到司令部，司令官和参谋这样说我，但他们嘴里这么说，依旧难掩脸上的喜色。于是我又到机密室开始做艰苦的工作。

可是到那个时候，出没智异山的游击队员的数量极少。政府为了减少庞大的游击队扫荡费用，解散了智异山地区的武警部队。

武警部队的解散后，把全体武警部队队员转移到各地方派出所。我也和15名队员一起被转移到霎光派出所。

其实，这些武警部队的士兵们都是在社会上没有后台或者是弱势人员，所以多达数千人被转移到各地方派出所，各个派出所为安排这些多余的人员而大伤脑筋。说句心里话，其中一大半人确实没有什么用处。

武警部队解散后，我作为整理工作人员留在那里整理后事，比其他人迟了10多天才到霎光派出所报到。

通常情况下，接到转移命令后到派出所报到，马上要分配到新的工作岗位上。可我到派出所一看，令人惊奇的是和我一批的人没有一个人安排工作，都在那里待命。实际上，在当时的战事环境下，只要你申请到智异山地区参加剿共战斗，后来转移后，都会无条件当上警官，所以前几批转移下来的都占满了各个工作岗位，加上当时的社会治安一定程度上得到了改善，若再要安排这么多人，确实是一个难题。

我到警务科报到。警务主任皱着眉头，跟我说：

"这是怎么回事啊？你怎么才来！"

"报告！我是日常杂务工作人员。"

"做日常杂务？嗯，那我先看看你的履历吧。"

我坐在他身旁空着的桌子边，开始写自己的履历。这时警务科的二把手走过来，偷看一眼我的笔迹，再靠近一些仔细地看了一遍，然后到主任的旁边，跟他耳语了几句。我写完履历表递给主任，他迫不及待地拿过去仔细地看了一遍：

"咿呀！战斗部队里也有人才啊！喂，李警士！你马上去办，把这个人安排到警务科工作。"

警务科是派出所里的监督部门，所以和那14个还没得到工作的人相比，我算是受到了特殊安排。

我到霎光派出所报到，过了两天妻子追过来找我，她只带了简单的生活用品。警务主任叫手下职员把我俩安排到旅馆住下来，再帮我们找一间出租房。同事们非常热情地接待我们。

我们在旅馆住了三四天，搬到派出所附近的租赁房。我在警务科工作一个月以后，跟我同一批的人仍没有得到安排。

巡警们经常拿辖区内有名的特产即法圣浦的牡蛎贿赂我们。我家的生活虽然穷，但我们用那些牡蛎熬汤喝，至今我仍忘不了那时尝过的那种美味。

有些巡警们经常给我送柴火或者副食品，求我照顾他们。

新婚燕尔，一到下班时间，妻子就到派出所门口等我。所里的人都说，朴警士夫人是大美人。

我到派出所上班一个月以后，也照例成了所里的宝贝人物，大家帮我解决了不少柴火和粮食，所以生活上没遇到特别大的困难。有一天，我和一到下班时间就出来接我的妻子一起回家，发现锁得好好的屋子里有动静。开门进屋一看，房东家的女儿从厨房的窗户进屋，正要偷东西被我们逮住了，她站在那里不知所措。我把这事没有传出去。

到霎光派出所工作已有一个半月的时候，有一天监察科的金警士到我家找我，那天天色已很晚，我看他的眼色有点着急，他进屋后马上跟我说：

"不好意思，朴警士，请你马上和我一起到总局走一趟。"

"怎么，有重要的事吗？太突然了。"

"我也不知道具体有什么事，但这是所长的命令。"

我非常好奇，到底是什么事，但没有多问就跟他走。晚上9点刚过，我们到了光州的总局。

我跟着金警士走进二楼的监察科分室。监察科专门负责各种情报工作，但分室只分管对共监察任务，我觉得很奇怪。

当金警士把一些资料递给分室主任，主任就叫我。

"哦，辛苦啦。朴涌在！你过来一下。"

说完，他从抽屉里拿出入监证，写上我的名字，在原因栏上写，"销毁证据的嫌疑大"一行字。然后，让一个巡警把我带到楼下。我们沿着长廊走到拘留房间。

那个巡警把我和入监证交给看守后走了。我立刻被监禁在一个房间里，仍然不知到底发生了什么事。房间里的炕头上有三四个成年人，他们身上盖着毯子躺在那里。门口有三个少年，给人的感觉好像是小偷。炕头上的几个成年人垫着、盖着五六条毯子，而三个少年垫一条毯子，盖两条毯子。我一进去，其中的一个少年赶快起来，递给我一条毯子后跟我说：

"叔叔，你犯了什么罪？"

我没有回答，只点点头。当然，我也不知道怎么回答他。

房间里很冷，整个晚上我一边瑟瑟发抖，一边想了很多。可是总想不出自己被监禁的理由。我也想过时局的剧变可能带来的突发事件，但那个理由也是站不住脚的。

第二天上班时间一到，我被带到分室。分室里，除了昨晚制作我的入监证的主任之外，还有两个警监。我曾经在司令部一直和高级干部们打交道，所以小看那些警卫和警监，便以不满的语调问警卫：

　　"昨晚我受到不明不白的待遇，我在寒冷的房间里被监禁了一个晚上，我到底犯了什么罪呀？"

　　警卫回答我说：

　　"是吗？我们也不好回答你。我们接到西战司的紧急通告，并按照通告内容执行命令。你是现职警士，是吗？公文上有'通敌嫌疑'几个字。"

　　他说自己在执行公务，然后绑好我，叫两个警察押送我去某地。

　　我们到市里乘坐公交车，途经潭阳，快到中午的时候到达谷城。在那里，我们又换乘去南原的公交车。

　　当我们快要走到去南原的公交车站时，我看到曾经非常喜欢过我的作战主任朴宗春警卫。他穿战斗服，腰上别两把枪，还挂了好几个手榴弹。他挽起袖子，头发蓬松，满脸胡子，很像一个黑帮头目。说他是一个执法人员，可他摆出一副动不动就要动手打人的架势。朴主任见到我后不管三七二十一要和我握手：

　　"朴警士兄弟，你这是怎么啦？"

　　我把被绑住的手举起给他看。

　　"哎哟！大哥。"

　　"狗杂种！一定是金正旭干的好事。喂！你们是警察吗？你先松他的绑，我来负责。"

　　"啊，主任，对不起，我们正在执行公务，我们无能为力。"

武　警　159

"嗨！你们知道这里是什么地方吗？这是战区！你们不知道我是谁吧？我是朴宗春。不听我的命令，管他什么警监、总警，都得吃不了兜着走。快点，给我把他松绑！"

他大声喝令他们。他的样子像一个气急败坏的阎王爷，两个警察也吓得半死，立刻给我松绑。朴主任又命令两个警察，可以出发了。

"好啦，咱们到司令部再见。"

智异山地区武警部队解散以后，申相旭警务官为了剿共，在西南地区又开始组建武警部队。管辖区包括以智异山为中心的庆尚南北道和全罗南北道，武警部队的人员、装备、预算等和一个道区的警察局长无法比较。但他想在这个地区打出个名堂，巩固自己飞黄腾达的地盘，再涉足政界。半个月之前，西战师已组建完毕。他召集了金正旭作战参谋等智异山时期的骨干成员。下午三四点的时候，我和两个警察到达了司令部。

警察在正门站哨，我们把资料递给哨兵。哨兵打一个电话，不一会儿我见到金正旭参谋跑出来。参谋原本想热情欢迎我，但考虑到自己从其他道区骗来人物的罪责感，先跟我说：

"朴警士！你承认自己通敌的事实吧？"

然后，他送走了两个押送警察。后来才知道，申相旭司令官开始极力反对采用这种极端的方法。他还说，要是人家中途逃跑，会耽误人家的前程。于是，心狠的作战参谋便自己一手操办了这事。

司令官把我叫过去，铿锵有力地跟我说：

"朴君，对不起，你没有忘记我吧。现在对西战司来说，正缺朴君这样的人物，希望你和我们配合，好好工作。"

那天晚上，我在司令部的值班室里睡觉。天啊！我不知道自己该怎么办才好，心态放松后，觉得浑身难受，脱下衣服一看，短裤和背心里黑压压的一片全是虱子。可能从昨晚盖过的毛毯中传过来的。当时的拘留所房间的条件可想而知。

三天后，妻子两手拿着包裹来找我。我向她详细地叙述这几天发生的一切，把她气得够呛，她没有忍住。

妻子跑到机密室，跟参谋大声嚷嚷。

"你好歹毒！怎能做出这种事啊？你差点弄死好好的一个人！你给我说话呀！"

这可把参谋吓坏了，他一句话也不敢讲。参谋曾经在智异山为了自己的将来挥舞大棒，但他却是一个胆小的人。况且现在自己做得也没有道理，所以给女人这么一折腾，颜面尽失，不知所措。有一次，司令部的仓库回收枪支时，不小心发生了枪支走火的事件，其他职员们听到枪声，跑出去看看，到底发生什么事，而参谋却钻进自己的桌子底下，可见他的胆子多么小。

我们在离南原火车站的司令部有1公里远的谬川江对面租了一个较便宜的房子。我家的生活条件非常差，难以启齿。我们的全部家当是，妻子带来的小小的被子和原先我用过的一条毛毯，以及几个餐具和两个皮箱。不过，这个条件非常适合战斗部队的生活。

我每天早晨到食堂吃差不多一斗的米饭。中午和晚上，我从食堂里领一些米饭，跟妻子分着吃。至今我还记得，当时使用的餐券非常简单，晚上我经常伪造餐券领好几碗饭回家。

西南地区武警部队组建才过几个月，政府又重提解散论，我们为此开始担心部队的命运。

在中央，确实有不少人针对游击队的扫荡战提出反对票。他们说需要投入巨额经费和大量兵力。××司令官在办公室里，把我和当过画家的朴成顺警士叫来，制作了数千张传单。然后，等戒严时间一到，坐司令部的吉普车到市郊散发传单。

废除西战师的问题被提及以后，由当时的国会议长申益熙为团长的国会视察团来查访。政界人士和美军军官们都拿辛大炮没有办法，当然申益熙也熟知辛大炮的为人，说废除是肯定的，但先要做实地考察。那天我们迎接视察团到机密室。辛相旭司令官郑重地向视察团问好后开始汇报工作。申益熙一直坐在那里听汇报。然后他当场拍着自己的大腿，认定西战师存在的必要性。可是回到中央他又后悔，说自己上当受骗。

我家的生活仍然贫穷，每天只能吃两顿饭，但妻子却沉浸在无限的幸福之中，从中能看出来她曾经过的是多么艰苦的生活。我觉得妻子很可怜，便更加疼爱她。每天快到下班时间，妻子就准时出来等我。偶尔，我拿点没用过的稿纸到文具店去卖，然后买些面包送给妻子。我们住的房子很便宜，加上没有柴火可烧火，所以房间里非常冷。我一进屋看到妻子一边等我一边做针线活儿，而她的手被冻得青一块紫一块。可妻子无怨无悔，她跟我说：

"你救了掉进河里的我，我愿意为你而活，做你的贤妻良母。"

视察团回去后没过多久，新调任的金完一警务官当我们的司令官。

有一天早晨，我因过度疲劳躺在床上没能去上班。司令官把未参加早会的人无条件全部罢免职务，当然我也被罢免。一想起将来的生计问题，我心里焦虑不安。

咸阳山清

治安局发生人事变动，金完一警务官调到西战司担任司令官。过了几天，曾任二零三部队队长的金敏洙总警得以复职，到西战司的隶属部队当第一连队队长。

那时，第一连队驻扎在山清，我就领着妻子一起去山清。

晚上，我们到达山清，跟哨兵一打听，过一会儿就见到吉炫主任跑出来接我们。连队长早就把吉炫调来，任命他为自己的副官。

山清是一个小地方，坐落在深山中。从南原到晋州，需要经过智异山山脉上险峻的山路，再过咸阳才能到山清，所以人们叫这个地方为咸阳山清。

吉主任很热情地接待我们。我到连队长办公室见到了连队长。他说现在的情况和以前我们在智异山的时候有所不同，需要严格控制一切补给品，不好帮我们解决生活困难。

那天晚上，我们到一户人家，借宿到他家的仓库里。我们在地上铺一个草袋子睡在上面，透过屋顶，能看见天上的星星。那件事我始终不能忘记，当时妻子还有 8 个月的身孕，挺了个大肚子。晚上，屋漏偏逢一场大雨，我俩衣裳完全湿透，就这样熬了一个晚上。

一晚上，我没合过眼，想了很多事。我觉得我到连队上班也没有什么前途，当初为什么还满怀希望地找到这个地方来。

　　另外，还要考虑日后增添一口人的问题。我做出决定，开印刷所。

　　第二天，我去找吉主任商量。

　　"那太好了。过一些日子，我们连队转到咸阳，你先到那儿开业如何呢？"

　　说完，他跟一个队员借来 2000 元给我，还安排一个叫任长在的警士跟我一起去。

　　我和任警士一起走遍咸阳市，先找到一个月租 500 元的出租房。然后又在路边找到一家商铺，月租 500 元，房东另外提出一个要求，让我们只能放一张桌子。我们去连队借来旧钢板，又去面事务所借来滚轴；又到印刷所通过一个员工得到了 100 元的墨水；花 100 元买了印刷纸，花 100 元买几张蜡纸。开业后，任警士到各机关、社会团体转一圈，收到 7000 元的订单，收获不小。那时候一袋米需 3000 元。

　　当时我在想，经营印刷所首要的是先进的技术，但更重要的是信誉。

　　开张一个月以后，攒了好几万元的资金，和期间有过交易的文具店也建立了良好的关系，最终通过协商达到了先赊账后付款的交易目的。

　　刚开始，即使手里有现金，买东西也先不付款，然后到约定的日期和时间再付款。在生意场上信誉能大大刺激商人的心理，所以只要建立良好的信誉，就不愁没订单。有时候，故意拖延几天付款，就按原先定好的付息规定，付清货款和利息。天长日久，在合作人心目当中，我们是最讲信誉的生意人。

1954年阴历二月四日，上午10点，我儿子勋儿出生。

那时候，我有五六万元的积蓄，不羡慕任何富人。我们是在咸阳创办的第一家印刷所，不仅是市里，连各面的订单也连连不断地送过来。后来残疾人勇士会开了一家授产场印刷所，设备也很不错，但需要等几天才能取货，而且坐落在偏僻的位置，需要走一段崎岖的山路。相反，我们的印刷所立等可取，而且是军队的，所以我们给授产场印刷所造成了极大的压力。不巧，在第一连队当过兵的朴成春警士的哥哥退休以后，在咸阳开了油漆厂。在生意中和朴警士的哥哥产生了矛盾。他就到授产场印刷所说我的坏话，也到咸阳派出所监察科告我。总之，用尽各种手段和方法给我带来了极大的麻烦。我来到咸阳以后，过了一年，也有了十几万元的积蓄。有了这些资金，你到任何地方都可以马上做任何生意。因此，我又搬家到南原司令部附近。

南原有在二零三部队当过文件联络员的任真焕巡警、在机密室上过班的金南胜巡警等许多同事。我在那里，光靠十几万元存款利息维持生活，并和朋友们过了一段比较悠闲的生活。

我和那些当警察的朋友们一起，经常在晚上到村子里，以维持戒严秩序的名义到人家的鸡窝里偷鸡。有一次，我们偷鸡的时候被村里人发现，他们一边追我们，一边喊抓贼。我们撒腿就跑，一会儿在山路上滑倒，一会儿又陷进稻田中。警察成为小偷逃跑的样子实在可笑之极。可是跑到很远的地方后，每个人都拎起自己手里的鸡给对方看，便哈哈大笑。

卖糯米糕

有一天太阳暴晒,我去光州办事。我路过鸡林市场的时候,遇到了在路边卖烙饼的表姐。表姐看到我,不知所措,我看见不远处还有姑姑。我们坐在凉快的地方,开始聊了起来。"6·25 战争"爆发后,姑姑家的人也四处逃散,不顾一切来到光州,靠卖烙饼勉强维持生计。

据表姐讲,自己在鸡林市场看到我母亲和顺任卖梨,问她们住哪儿,她们吞吞吐吐的没说明确的话,只说住在飞鸦。表姐说顺任和母亲的精神状态都很好。当年在长盛郡丢弃成才出走,要么是因为家庭离散给母亲带来的打击太大,要么是因为父亲遇难,对恐怖的社会万念俱灰才离家出走,不然一时发作精神失常。无论是什么原因,反正母亲无情地抛弃了成才。我给表姐1000 元(一袋米的价钱)后回到家。我开始制定寻找顺任的计划。如果我能有幸找到顺任,就能同时找到母亲,除非她已去世。

那天晚上,我去找任真炫巡警,告诉他我的情况,要他帮忙,他痛快地答应我帮忙。

第二天,我起得很早,便和任巡警一起去飞鸦。飞鸦指光州郡的飞鸦面,一开始我们到位于飞鸦面一端的面事务所,了解大致情况，但毫无线索。然后，我们开始搜索面里的各个村庄。

我们尽量不放过一个人、一个酒家，仔细地打听。我们这样盲目地打听，一点收获也没有。我俩走到中间地段，在路边的一个酒家歇脚。我向酒家的大嫂问，也没有得到消息。实际上，到这时候，我已经几乎放弃了寻找她们的念头。我们在那里吃点东西，正要起身出来的时候，听见大嫂跟外出回来的丈夫提起我问过的话。她的丈夫歪着头，跟她说：

"这事儿确实很难办？我怎么会认识不知姓名的人呢？"

"对，我想起来啦！下一个村庄里有一户人家，住着姓崔的检察员，那个崔检察家里好像有这样的大嫂当保姆，她还和一个十七八岁的女儿在一起。你们到他家问问吧。"

我俩过一个小山岭，就到了那个村庄。我们看见一位大嫂朝我们走过来，身后还跟着一个小姑娘，我一眼瞧出来，她就是顺任。

过了这么长的时间，顺任长成一个漂亮的大姑娘。

我俩抱在一起痛哭。接着，我看见远处身体虚弱的母亲正朝我们这边跑过来，我跑过去紧紧拥抱了母亲。这是做梦也难以想像的激动人心的时刻，任巡警也站在旁边，偷偷地自己抹眼泪。

那天晚上，我们在崔检察家里住了一宿，正好检察员不在家，但检察员的父亲热情招待我们，跟我们说有什么困难随时可以过来。

母亲和妹妹离开长盛郡以后，一路当乞丐，向路人们乞讨，用乞讨的钱买梨或肥皂，边乞讨边卖东西维持生活。后来，崔检察家里的人看到她们母女俩，觉得很可怜，就让她们住到自己家

武 警 167

里。时间一长，崔检察对母亲产生了感情，像对待自己的母亲一样对待我母亲。

第二天，我们向他们百般表示谢意后回到了南原。可是现在家里的人口增加到 5 个人，为了活命，我必须拼命挣扎。我们经过讨论做出决定，去光州，做什么都行。

可是，那时候家里剩下的钱不多，根本买不起房子，但可以做小本生意。于是，我们先去姑姑家。

姑姑一家人住在鸡林洞水库（如今，已被埋没）的河坝附近的一间窝棚里，姑姑有一个女儿和一个十几岁大的儿子一郎。一郎平时给人擦皮鞋，姑姑卖豆腐、糕饼等，只要什么东西好卖，就卖什么。窝棚里有两间房，所以我们借一间房，把东西搬到里面。

刚开始，我打算开印刷所，就到市里找铺子，但一打听，最少需要 5 万元押金。实在没有办法，就去找弟弟妹妹商量。

那时，文才和富顺住在霙严郡鹤山面的一个叫甘治的地方。文才在甘治的丈母娘家干农活。我在西南武警部队的时候，李德文带着女儿来找过我。原先我让富顺和从北方来的陆军中士李德文结婚，他俩生了一个女儿，名字叫建爱。过了几个月以后，德文从军营中逃出来找我。我实在没办法，求参谋帮忙，并且在南原派出所办好普通老百姓的身份证明，先让他去找文才住下来。在那里，德文白天给人打工，晚上不睡觉上山砍柴，自己一个人盖房子后住了下来。

晚上，我们都到文才的租赁房里聚在一起，聊了这一段日子里在各自身上发生的事，又互相讨论将来的生计问题。我为了凑齐租店铺的押金，先做回收当地产的辣椒、芝麻、大豆的生意。

那天晚上，我在文才的房里跟他一起睡觉。第二天到文才的丈母娘家吃早饭，吃完早饭回到租赁房，我查看我藏在米桶里的钱，我的五万元现金不翼而飞。当时我彻底绝望了，因为那是我的全部财产。一想到自己要解决五口人的生计问题，眼前一黑，大脑空白了。

我赶紧行动起来，叫来平时在村里偷鸡摸狗的人，一会儿威胁他们，一会儿又劝他们拿出来偷走的钱，我仔细地查看了每个人的脸色，但没有发现他们有什么可疑的地方。我为了争取时间，叫妹夫到5里路远的派出所报案，向他们求助。可是，过了好长时间，妹夫还不回来，于是让富顺去看一看。又过了20分钟，富顺一个人哭着回来了，我赶忙问她。她说是妹夫偷了我的钱。妹夫跟富顺说，是他偷了内兄的钱，他觉得实在没有脸面。富顺极力挽留他也没能留住。他从此消失了踪影。几天后，传来消息，他在木浦市里穿一身西服到处溜达的时候，被搜查机关抓捕。他本来就是一个逃兵，自然被监禁到陆军监狱中。

我抛弃一切，登上了从甘治到木浦的客船。身后留下过着乞丐般生活的富顺。失去丈夫的她，身上背着建爱，站在船边，哭喊着叫我。

回到家，妻子见到我很高兴，但一看到我有气无力的样子，就觉得事情不妙，她默默地做饭。吃完晚饭，我跟她详细讲了这些天里发生的事。妻子大声痛哭。我出发之前，妻子曾苦苦哀求我，要我下狠心给家里买一袋米，而我毅然决然地推开她的手，这也让我追悔莫及。一想到将来要过的苦日子，我感到一片茫然。母亲和顺任要重新回崔检察家里住。那天晚上，我冥思苦想，最后做出决定，在来往行人较多的河坝上开一个小鱼糕店。

天刚亮，我卖掉妻子的几件衣裳，换成一些钱，用锯和菜刀开始盖一坪米大的小木屋，花两天的工夫，终于完成了一间简陋的店铺。接着买来必要的工具和材料，还挂起了红底白字的牌子。

那时是1954年的深秋，长子勋儿已经有10个月大。

开始我猜想，从这里经过河坝的行人不少，别说鱼糕店，连像样的小卖部都没有，做生意肯定会不差。可一旦开业后才发现，情况完全出乎我的意料。

尤其拿鱼糕而言，本身具有传统的烹制方法，特色风味是鱼糕的生命，而我没有这个方面的经验。只要到我店吃过一次鱼糕的人，就再也不会光顾，如同旱地里长豆芽一样，难得来一个客人，尝一串，付完钱就走人。

按照当时的情况来说，能开这么一个小鱼糕店，家境还算不错的。可是日久天长，我家里做出来的味道实在不怎么样，鱼糕就难以卖出去。我们天天担心泡在锅里的鱼糕会变坏，呆呆地等到戒严的时刻，等客人过来吃一串。深夜时分，有时还会碰上酒鬼和流氓，到店里喝酒撒野。况且，有些人到店里瞧一眼，一看卖东西的是男的，就皱起眉头不买，掉头走人，这让我们哭笑不得。

有一天晚上，当空军下士的表弟东先，到我家来找我。我们俩聊了一晚上。突然，从鱼糕店那里，传来有人调戏妻子的不堪入耳的声音。我感到侮辱，又气愤，咬紧了牙关。这时，东先猛然站起来，跑出去向他们大喊一声：

"嗨！狗杂种！"

他这么一来，外面的气氛突然发生变化。外面有三个流氓，听到吵闹声，围过来不少行人。幸好在他们极力劝说下，平息了一场血战。

　　这种事是常有的事。问题就出在买几串鱼糕时赠送的那一瓶药酒或米酒。鱼糕店经常招来不三不四的人，他们对妻子动手动脚，有的要吻她，有的要抱她。

　　不过，这些都是开业初期发生的事，随着时间的推移，客人越来越少。开业后过了五六个月，我们关注每一个过路人。天色越来越黑，只要从远处传来行人的脚步声，我们就盼望，希望他能走下台阶到离路面低一米处的我们的鱼糕店。过路的行人都不理会鱼糕店，无情地走过。有时，客人光顾我的鱼糕店消费二三百元，妻子难以抑制心中的喜悦，就唱起歌来。

　　开业已有五六个月，鱼糕店的锅里只泡着几个油炸食品，进价一个10元，卖出价一个20元。店里根本没有条件准备酱油等调味料，显然鱼糕的味道不怎么样。鱼糕店初秋时分开张，过完冬天到了春天，仅有的几个库存也卖不出去，经常变质。只有那些头一次路过的人偶尔进来吃几串。我们的生活过得极其困难。

　　饿着肚子，在鱼糕店卖东西的时候，看着10元一串的鱼糕，直流口水，但宁可坏掉也不敢吃一串。我去鸡林市场，买来几个鱼糕材料和两块煤砖。有一天，我去食品材料店买东西。我朝屋里喊了半天，没见着主人的人影，我便无意中猛地抓起一把油炸食品，塞进包里，查看周围以后，赶快从店里出来。回家的路上，我手忙脚乱地一连吃了好几个。那时我尝到的油炸食品的美味将永生难忘。当时我偷的油炸食品大概有十五六颗。

　　后来，有一天，有一个糯米糕批发商找到我们店里，开始给我们赊账，送我们大约200－300元的糯米糕，第二天再来收钱。卖这个糯米糕，我们轻松赚了几十元。

武　警　171

春天一来，河坝上便刮起大风。有一天，从下午刮起大风，到晚上刮得更猛。我担心我们住的窝棚难以顶住。夜深的时候，突然从外面传来有什么东西倒下去的声音：

"轰隆！"

我赶紧跑出去一看，鱼糕店被狂风连根拔起，摔到老远处。

天刚亮的时候，风才停住，我们夫妻俩站在那里，呆呆地看着散落一片的木屋，过了半天，才回过神来开始捡地上的木块。

妻子身上背着刚过一周岁的勋儿出去卖糯米糕。她将近卖了一年，后来她才跟我讲自己卖糯米糕时遇到的种种事情。她走遍大街小巷，有的人一见到她，还未等她踏进门就轰地一声，关上自家大门；有时遇到几个坏学生，他们吃好几块后赖账，或者一起逃跑；在学校周边转悠能卖很多，但有时被学校纪律部的老师抓到教务室，没收她的糕点器皿，妻子哭着苦苦哀求，他也绝不退还。

因长期处于饥饿状态，妻子明显营养不足，奶少时只好给勋儿喂点大麦饭。大麦饭不易消化，勋儿动不动就拉肚子，最后，勋儿也渐渐变成骨瘦如柴的孩子。

毅然决然上仁川

仁川码头

自从我们赖以生存的鱼糕店被狂风吹倒后,我们的生计遇到很大麻烦。

妻子身上背着勋儿,卖糯米糕,仍难以保证一家人能吃上大麦饭。维持生计的问题日益严峻,我们用糯米糕换来的剩泡菜和一点大麦米,加上豆腐渣熬稀汤饭,一天勉强吃上两顿。在这样艰苦的生活当中,妻子省吃俭用,有时买一巴掌大的卤菜,两个人蹲在没有行人的路边各分一半吃,那对我们俩来说是少有的幸福时光。

我实在坚持不住,翻出自己仅有的一件外出时穿的西服,拿到鸡林市场去卖。我用那些钱当路费,登上开往首尔的火车。当然,我没对任何人讲我的去向。

我凌晨坐火车,下午三四点到达首尔站。在那里,又换乘去仁川的火车。我听别人讲,西战师解散后,一连队的吉主任转役到京畿道。于是,我想去京畿道警察局打听他的消息。下班时间快到的时候,我到警察局走进人事科,跟一个警士打听主任的消息,他告诉我说:

"啊!吉炫警卫,他去了永宗派出所。"

"请问,永宗在什么地方?"

"那里是仁川海事派出所的管辖地区，离仁川海藻码头有30分钟路程的地方，有永宗岛。"

警士非常详细地告诉我。

我问他能不能打电话，他说至今连警备用电线都没铺好，工作有时使用无线电。

我打算走路去海藻港。

我走半个小时路就到了海藻港。天快要黑了，去永宗岛的末班船已开走。我摸摸自己的裤兜儿，剩下的钱不够一晚的住宿费。我走近售票口一看，买张船票后剩下的钱不够吃一顿饭，而更重要的是晚上自己睡哪儿。最后我想，只能找一个地方，露宿一晚上。码头岸边有一排排酒家，而各酒家之间有块空地方，于是我拿定主意在酒家之间徘徊。可是码头的酒家每天开到很晚，随处可见正在喝得高兴的水手们。我只好找一个仓库，靠着仓库的墙壁坐下来。初春的海边一到晚上，刮起海风，非常寒冷。

那时候，我穿着褪了色的黑色裤子和破旧的夹克。我脱下夹克，盖住自己的头和上身，忍着刺骨的寒冷熬过了一夜。

上午9点，开第一班船。站在仁川港一眼就能看见远处的永宗岛，但坐船还需要约30分钟。等船靠岸，乘客们要接受警察的一一盘查，我向一个正在检查乘客的巡警打听吉主任。

"哦，我知道。吉主任现在在派出所里。要不我给他打电话？"

"谢谢！我直接去找他吧。"

派出所位于云西里，有10里路。永宗岛算是一个大的岛屿，除了云西里、云北里之外，还有许多个村庄，海拔300多米高的云西山在岛屿的中央。

我在派出所前面下车，看见吉主任站在停车站里等我。吉主任见到我这个不速之客，特别高兴，跟我紧紧拥抱了一下。吉主任在西战师一连队当副官的时候，跟医务科的一个叫金容仁的美貌女护士结了婚，有一个和勋儿差不多大的儿子。早在那个时候，我就认识吉夫人，她这个人不会体谅别人，爱发火。

我到派出所宿舍时见到了吉夫人，她也非常热情。

吉主任劝我先跟他住一阵子再说。我休息几天后到派出所帮他们，整理内外环境，处理各种文件资料。所里七八个警员对我的业务水平惊叹不已，便立刻协商怎么安排我。他们先决定，从每个人的工资里取出一成的钱，交齐后给我。

我到这里约有一个月的时候，全道警察局范围内举办了环境审查竞赛，永宗派出所作为岛屿派出所获得了冠军。这样一来，派出所里的几个警察们很感激我。将近过了两个月后，我攒到了一些钱。

到这个时候，我才给妻子发了封信。我在信中跟她讲，让她再过一段辛苦的日子，等我把这边的事准备齐了会叫她。

有一天晚上，我和吉主任坐在地板上聊得很晚。我们讲的话题，涉及过去当武警时期艰难的生活，那时不懂钱为何物，也没有必要花钱，而现在没有钱就无法维持生计，等等。后来，吉主任讲了很多埋怨妻子的话，说她只会整天唠叨，缺乏修养，不会体谅别人，妻子和自己总是意见不和，等等。

听到他的话，我也应和他说：

"我对你说的这些话，也有同感。说句老实话，吉主任你当时有点冲动，本来能找到更适合你的女士……"

我刚说完这些话，从寝室里传来他夫人咳嗽的声音。原来她还没睡,她听到我们俩的谈话,就开始朝我们俩破口大骂。

我受到难以忍受的侮辱,就低着头出来到派出所值班室里睡觉。第二天,职员们都上班,夫人来到派出所又开始骂我。

派出所的职员们都不知道这是怎么回事,但平日里都知道夫人的为人,看到这个尴尬的场面,他们把我安排到一家叫永日馆的旅馆。

我无论住在主任家里还是住在旅馆,总为了保住自己的脸面,吃饭时都会把饭碗里米饭留下一点点,从不全部吃掉。因为在光州长期的生活当中,别谈什么能不能吃上,就是从没见到过这么好吃的米饭。

我到永宗以后,遇到的最神奇的就是屹立在岛中央云西山上的金矿和矿田。

云西山山峰是由巨大的花岗岩形成的。我和吉主任偶尔爬山到那里,顺便查看那里金矿的情况。至今为止,金矿只挖出少量矿石,所以每天都要爆破作业。可是这座金矿的可信度不高,关于选定这个金矿有个故事。当时,金浦教堂里有一位叫吴彼得的神父。他把一个银制圆锥吊在绳子上,对准五万分之一的地图,他做完祷告,圆锥头自然触碰的点选定为矿点,这真令人啼笑皆非。

还有,云南里矿田开始挖到五六米深的地方,就发现少量沙金。但是矿主因遇到经营困难,拖欠矿工们的工资后逃跑。下一个矿主又开始挖掘工作,没过一个月,就挖到了几条较大的金脉,令矿主欣喜若狂。自从生产报表送到派出所以来,矿主给吉主任就送来戒指、项链、手镯等礼物。

有一天,名字叫吉永柱,和吉主任同父异母的哥哥过来找吉主任。吉主任是咸兴人，永柱哥则毕业于日本的早稻田大学政经科。那年他有60多岁，是一个彻彻底底的酒鬼。

后来才知道，他这个人贪得无厌，特别爱喝酒，只要自己手里有钱，就一定会全部买酒喝，俨然是一个酒缸。但他对我很客气，表面上很同情我。期间，我给妻子发过两三封信，信的内容无非是安慰她，让她再辛苦一段日子。我来这里约有5个月的时候，有一天，妻子突然出现在我的面前。她身上背着勋儿，我看到儿子骨瘦如柴。勋儿长到一周岁的时候，才蹒跚着走几步，后来他患上痢疾病，一直拉肚子，现在自己都不能站起来。

妻子来我这里，眼前的头等大事就是住宿费问题。期间，我虽然攒了一些钱，但我俩都没有工作，不能干待在旅馆里，这确实是个大问题。

我妻子也认识吉主任夫人。妻子为了到仁川找我，到光州市政府办理了我的医疗证明书和迁移证。妻子过的是一天挣不了钱，那天就要挨饿的艰苦生活。她给我刻一个木制印章，为省10元钱，走遍市里的所有刻章店谈价，向他们苦苦哀求给她便宜10元钱，最后还是没能如愿，花了30元。即使这样，她去吉主任家的时候，特意买了五六个桃子（50元左右）。可是吉夫人拿到妻子递给她的桃子后，随手扔到地板的一角。当时，我站在一旁全看在眼里，非常讨厌她那种拙劣的人品，但只能咬牙忍忍，别无其他方法。

她让妻子很难堪，又让妻子气愤，我赶快拉住妻子的手，从她家里出来回到旅馆，跟她讲了这段日子里在我身上发生的一切。然后，我拿出自己省吃俭用攒下的两万元来哄她，这稍稍消了气。当时一袋米的价钱有2000元，这两万块钱对妻子来说是一笔不小的数目。

妻子和我一起先住在旅馆里，如同我刚来时那样，妻子吃饭的时候狼吞虎咽，我在旁边提醒她说：

"孩子他妈，这米饭很好吃吧。不过为了保住我们的脸面，吃饭的时候不要全部吃完，要留下一点。"

我这么一说，妻子很不情愿地放下手中的筷子，直愣愣地看着饭碗里剩下的一点米饭。

有一天，永日馆的主人告诉我说，青蛙对消瘦的孩子很有效。于是我到稻田的垄上，抓来几只青蛙用火烤好后喂孩子。果然很有疗效，勋儿的痢疾病终于被止住，他开始正常发育，马上恢复了健康的身体。

派出所在全道竞赛中取得冠军，吉主任被调到金浦警察局担任治安科主任。

有八十扇门的房子

1954年7月24日，我们全家搬到金浦住。金浦是一个小郡，我到市里转了一圈，发现没有一家印刷所。于是我拿定主意，要开印刷所。但是首先得解决资金问题。我们在北边里先租了一间房子，押金一万元。还剩下一万元，能够置办必要的器材，但问题是怎么弄到店铺的合同金。我去找吉主任商量，他完全变成了另外一个人。他说自己能掏3万元，但有一个条件。由他的永柱哥来当社长，而且有一切经营权和裁决权。我听到他的话大吃一惊。虽然3万元属于无息融资，但对收入分配等只字不提，意思即在这方面没有什么商量的余地，都归永柱哥来管。最后，我们以1.5万元加上月租3000元租一间店铺的条件印刷所才得以开业，取名为"世宗印刷所"。

市里，除了我们一家之外，没有其他印刷所，果然不出所料，介绍册子一发出去，印刷订单像雪片一样送过来。只要跟印刷、打印、横幅、招牌相关的订单，我们都来者不拒，照单全收。我们另外还做刻章业务。从接待第一位客人起，客户的反应还不算差。开张第一个月即8月份纯收入达到15万元，9月份达到20万元，印刷所的生意蒸蒸日上。为了巩固我家的生活基础，我连夜赶做堆积的活儿。

永柱哥虽然是名义上的社长，但他只掌管出纳业务，实际上只不过是吉主任的木偶。每天，我连夜赶做堆积如山的订单，但愚笨的他连想都没想过要帮我的忙。我想尽一切方法，甚至弄到了外加工订单。每天一收款，我就把钱交给他。他突然间一下子能摸上数十万现金，腰杆变硬。开业不到两个月，就娶了一个带5个孩子的寡妇，在店铺内的一间房里一起开始过日子。

那个寡妇是鸨母出身，是个酒鬼，永柱哥本身也是一个堕落的酒鬼，这两个酒鬼碰在一起，那就肯定没有好事。我每天上午上班，打开他们的房间门，就能看到喝得酩酊大醉的两个人，桌子上摆满了各种酒菜，每天能收回十几个啤酒瓶和青酒瓶。永柱哥慷慨解囊，给那个寡妇买裙子、金戒指。

关于我的1万元生活费，他只有到了集日里才给我1000元，并且快到晚上的时候才给我，这时候集市里没人卖米了，我们常用面条来维持生计。我实在看不下去永柱哥的所作所为，于是我找吉主任摊牌。

按照每月20万元的收入计算，存折上应该约有100万元的存款，但他们不给我看存折，只跟我大声嚷嚷。我勉强忍住火气跟他们协商。最后达成协议，每月我给永柱哥和吉主任各3万元和2万元，从此以后由我一个人来全权负责经营。第二天，我们打扫整理店铺，房东家的保姆从阁楼上搬了一天的空酒瓶。存折上不仅没有存款，还给我留下各酒家的30万元赊账。

我每月负责5万元的支出，还要付酒家的赊账，大概过了半年才还清酒钱。后来，我加入了只由金浦当地人参加的50万元契友组。虽然我还没具备全部条件，但大家都清楚地知道我的收入和家庭情况，于是他们轻易答应我成为他们的一员。我们的契友组一共有 15 人，我的号码排在中间位置。过几天，到了我领契钱的日子，可这时吉主任突然出现在我的面前，苦苦地求我借给他契钱。我花一年的时间，辛辛苦苦搭起的高塔，眼看变成泡影的时候，契员们投来反对票。他们异口同声地说，不能向没有自己房田的人借给 50 万元的巨款，要么等到契约结束的那一天。

当时，50 万元的契友组算是少有的大契友组。发契钱的那天，吉主任参加我们的会议，想要强行拿走契钱，但遇到全体当地人的反对，他的如意算盘没有得逞。

吉主任另想办法，从别人那里借了 50 万元，开一家文具店，让永柱哥来经营。没过多久，永柱哥把它也给喝没了。

这时吉主任被调到仁川海事派出所。

那时候，我手里已有两个契友组的账户，通过一年多的努力，我建立了良好的信誉，开始能轻松领取契钱。我用 100 万元购置 30 多平方米大的瓦顶房，房子的占地面积达 230 平方米。我再花一些钱扩建房子。新房子的建筑面积达 80 多平方米，这所豪宅里一共有 80 多扇门，在金浦郡里是首屈一指的房子。

随着这所豪宅的建成，我女儿仙儿也来到了这个世界。

故事顺序有些颠倒，几个月前，母亲患中风，从光州来到了我家。母亲这些天在家里一直挺好。突然有一天，她觉得自己活不长了，就跟我说，她想念弟弟妹妹们，去看看他们。于是，我就给她 2 万元。母亲到光州以后，5000 元花在路费和弟弟们身上。剩下的钱可能偷偷地给河坝上认识的一个酒家放了高利贷。夏天母亲到河坝的平板床上睡觉，有可能借钱的人不想还 1.5 万千元的高利贷，而把母亲推入河里。我家的豪宅快要竣工的时候，母亲就这样不幸地离开了人世。

来到金浦,过了两年时间,我们终于能过上富裕的生活。有一天,一个僧侣路过我家门前的时候,一边敲打着木鱼一边说:

"呵呵,这家房子盖得真好。不过从房子的坐向来看,正门应该开在东侧,不然要大厄临头的。"

一直以来,我不相信迷信之类的东西,但僧侣说的一番话,总回荡在我的脑海里久久不能散去。于是,我叫妻子找几个算命先生给房子算算卦,最后得到的解释都差不多。

但是,在金浦首屈一指的我家里,大门用蕴麻装饰,非常壮观,要是把门开在东边就是背着大道,朝向后面的田地,那一侧也没有路可走。如果这样一改,就等于葬送这座好端端的房子,所以我便决定从此不再想他们的话。

可是,令人奇怪的事接连发生。没过几天,4岁的勋儿突然开始发病。他脸色苍白,甚至一度呼吸困难。我急忙到附近的医院,诊断结果出来,他患了肋膜炎和肝炎。妻子抱住儿子大声哭喊。我便暂停营业,到首尔寻访名医。可是年幼的儿子不爱吃药,尤其给他吃那么苦的韩药时,简直就是打一场战争。他甚至把那些昂贵的药倒进自己的胶鞋里,或藏到地板里面。就这样,给他喂了将近一年的韩药。

第二年,儿子勋儿的病得以治愈。后来,有一天,妻子早晨起床后觉得身体乏力,上午10点左右,她上厕所回来时先蹲在地上,接着就倒下不能站起来。我赶快把她抱进屋里,擦掉她满脸上的冷汗,捏捏她的手脚,可她奇怪地怒视我以后就晕倒了。我叫人去找大夫。过一会儿大夫过来给妻子看病,说没什么大碍,打完针就走了。

平时,妻子特别高兴我来给她捏捏手脚,可那天她却不肯让我捏，还瞪大眼睛看着我。过了半夜11点，妻子完全失去知觉，脸色煞白，手脚冰凉。我感到不妙，马上给医院打电话找大夫，可出诊的大夫仍未回到医院。快到12点的时候，医生急忙跑过来给妻子看病。

"这可怎么办，不好啦。你妻子患了宫外孕，而且动脉断裂。"

说完，他一边看自己的手表，一边说：

"现在是12点，赶快想办法去首尔。永登浦联合医院擅长宫外孕手术。"

当时我气急败坏，真想踹一脚这个没有责任心的医生，但想到妻子的病重，马上去找车。当时，金浦还没有出租车，我们只能叫货车。妻子从上午10点倒在院子的那一刻到现在，被断开的动脉中一直流血，体内的血几乎已流干，用货车送她到医院，这太危险了。可是我们也没有别的方法，只好把她放在司机室。而且，晚上突然病情恶化，也没有准备好钱，于是匆匆忙忙地随便带了些戒指、项链等饰物。

货车到达医院的时候，已经过了一点钟。

我马上下去，用力敲打医院的大门，医院里没人点灯，没有任何反应。我用穿皮鞋的脚用力揣大门，终于有一个值班护士被叫醒。她点完灯出来，只掀开大门的窗帘，慢腾腾地问我：

"你有什么事啊？"

"你说什么呀，有重病患者。"

我这样回答她，令人哭笑不得的事就发生了。她磨蹭半天，问我：

"你带钱了吗？"

毅然决然上仁川 185

看她的样子，我如果没带钱她就不打算给我开门。

"大夫，你听到我敲打门的声音多大了吧，你难道猜不出来我们送来的是重病患者吗？我们带来这么病重的人，能不带钱过来吗？"

我这样讲，她才给我们开门。我们马上把妻子抬到诊察床，一会儿又出来一个护士，揉揉眼睛。她一看来的是重病患者，马上给睡在别的房间里的院长打电话。两个护士给妻子诊脉，可当时她已经没有脉搏，于是护士们决定给她输血。一个护士从妻子身上取一些血液，经化验，妻子血型为 AB 型。另一个护士走 20 分钟的路，到血液销售处去买血。过了 20 分钟以后，护士回来，但两手空空。

这时，院长才慢腾腾地出来问护士：

"你们做好手术准备了吗？"

"院长，患者的血型是 AB 型，但血库里没有 AB 型血液。"

"哎哟，啧啧。给 AB 型患者可以输 O 型血。"

他说完，这才认真观察病人。他连连摇头后说：

"哪一位是患者的保护人？我们打算要给患者进行抢救手术，你们送来得太晚了。你先仔细看好知情同意书，有了你的签名和盖章，我们才能动手术。"

我听他这么一讲，觉得很难听，但也不得不马上伸出大拇指，按了手印。我和医生约定，妻子术后如果死亡，我也不能有意见。一想到这儿，我感觉心里空荡荡的，焦虑不安。

我走过去摸摸躺在病床上妻子的额头，冰凉冰凉的。这时，我看见护士拿着血液气喘吁吁地跑过来。两个护士同时找血管，但妻子的血管早已流干，找不到，她们只好割开肌肉，开始给妻子输血。

那时候,我才切身体会到输血的威力,输血没过一会儿,妻子眨了眨眼睛,她活过来啦!我深深地呼了一口大气,马上跟一个护士问妻子的情况。护士告诉我,在这危急的时刻,虽然输血成功,但还得看看术后结果怎么样。

我也觉得很奇怪,当时流行宫外孕,仅金浦就已有四五个人患上这种病,除了一个人活下来之外,其他人都在手术过程中死亡了,而救活的那个人也切除卵巢不能再生育。

妻子被立刻转到手术室。外来人禁止出入手术室,但相关的人通过窗户玻璃能观看里面的一切。

我拉着勋儿的手,身上背着仙儿,默默地为妻子祈祷。祈求老天爷能为幼小的这两个孩子,让我的妻子能活下来。手术持续将近两个小时以后结束。

不知我的祈祷应验,还是那一位神在保佑她,妻子的手术非常成功。她马上转到病房。

就这样过10天后妻子出院回到家了。按照当时的医术水平来看,宫外孕需要开肚,被认为是大手术,普通的家里做这种手术要倾家荡产,所以我也欠了几十万元的债务,经济上受到较大打击。

遇到三灾五难后又雪上加霜,不幸的事又接踵而来。

在北边里有一个叫吴中吉的工人,他来自忠清南道。吴中吉有一个女儿叫明姬,跟我弟弟树雄要好,不小心怀孕。看到情形不好,树雄就消失了踪影。于是,吴中吉每天到我家大吵大闹,不让我们过安宁的日子。他说,是哥哥纵容弟弟逃跑的,而且自己的女儿不能嫁给这种没有责任心的男人,并索要精神赔偿金,等等。

　　他每天过来闹事，一天也不让人过安静的日子的时候，明姬生了一个男孩。

　　吴中吉把刚生下来的婴儿抱过来放在我家，又疯狂地乱蹦乱跳。当然，他的目的就是拿到一笔相当的赔偿金，但我们实在受不了他这么折腾下去，经过协商，答应给他 30 万元的赔偿金。那时候，我已经欠了不少债务，先付给他一半，过一阵子再付清余款。

　　这时候，姐姐从釜山来我家。这段日子里，姐姐一直和顺任住在一起。她告诉我，顺任和忠厚老实的一个中士军人订婚了，要我帮她解决妹妹的婚礼费用。这事我不能不帮忙，就借来钱，给她 10 万元。

　　就这样各种灾难不停地折磨我，最后我实在受不了吴中吉不分昼夜到我家闹事，终于决定要抛弃一切。

　　我和住在北边里的兽医李某经过协商，以 180 万元的价格把房子卖给他。我用 80 万元结清所有债务，趁吴中吉不注意，连夜逃到外地。

　　我去找在仁川松岛派出所当主任的权英一警士。他是我在西南地区武警部队时的同事，他非常热情地接待我。我先住进他给我准备的房子里，悠闲地待了一个月。期间，想过找事做，但用我身上的那点钱不好找店铺。有一天，我去大田警察局，找文熙斗警士。他已晋升到警卫，时任大田派出所交通主任。而且还碰到了曾经和我交往甚密的李某警士，他也晋升到警监，时任情报系长。

假扮归国同胞的骗子

　　他们俩人见到我，非常热情地接待了我。那天，我们在三星洞的文主任家中聊了一晚上。我们一会儿回首往事，一会儿讨论各自将来的生计问题。最后他俩同意帮我，要我搬到大田来住，并创办事业。

　　第二天，我回到仁川。赶快准备好行囊出发。到了大田发现，文主任已经为我找了一间店铺，店铺位于三星洞的街旁。

　　在穿过三星洞中间的大街上，每天流动的行人达数万人之多，而在那条街上又找不到一个印刷所和刻章店的牌子。所以我们立刻挂起牌子，在里边做开业准备。在文主任和李警监的参与下，我们邀请街坊好友，举办了开张宴席。我们对将来的生意充满期待，但开业以后才发现情况并不尽如人意，而且非常严重。店铺的门面装饰相当上档次，但那么多人来来往往，怎么没有一个人光顾我店呢？而且，过了一天两天，过了半个月一个月，情况并没有发生多大好转。随着时间的推移，我们渐渐了解到具体原因在哪里。原来，几乎整个三星洞就是一个地下印刷世界。这地方打印、石牌、胶印、印刷板、活字板、印刷珂罗版等设备都齐全。并依靠众多业务员大力开展对外业务活动。而我们只会守株待兔，真让人耻笑。

开业后，我买了一辆日本产的自行车，非常结实而且设计又漂亮。我以相当于能购买一辆摩托车的价格买了它。每天没有订单，我只好把勋儿和仙儿带上自行车，在市里到处骑来骑去揽活。

我来大田已过五六个月，眼看身上带的钱几乎要花光。

有一天，店里来了一位客人，手里还拿着文主任的名片。那张名片的背面上写着几行字：

"这个人是从日本归来的同胞，他连母语都讲不清楚。和他谈一谈，帮帮他。我晚上过去。"

我看那个人有二十五六岁，高个子，皮肤黑，眼睛略微凹进去，给人的印象不太好。我们一进房间，他就跪下来，恭恭敬敬地向我行日本式跪拜礼。我问他：

"文主任介绍你是从日本回来的，你什么时候回国的。"

"哦，我现在不会讲韩语。"（他用日语讲）

"啊，是吗？那我们用日语说话吧。"（我也用日语跟他讲）

就这样，他用不太流利的日语跟我谈话。

"我在日本出生。我母亲是一位非常漂亮的美女，我上初中的时候父亲去世，母亲没过多久又改嫁了人。我的继父当过高松市派出所所长，现在担任下关海关关长，有不少财产。母亲因财产继承方面的原因，没做外国人登记手续。后来我不幸地被警察抓住，当作偷渡人来处理，一直被关押在收容所。后来，强制押送回韩国已有一年。"

"哦，是吗？那太不幸啦。"

"不过，他们从日本给我寄来足够的生活费。多亏那些钱，我过着无忧无虑的生活。继父跟我说，韩日会谈得到进展后想办法重新带我到日本,他叫我先过一段辛苦的生活,这次寄给我200多万元的物品。"

"哦,寄给你那么多物品?"

"是的。不过,大哥(他马上这样称呼我)。最近发生了令人哭笑不得的事情。我取那些物品坐火车回来的路上,当火车进入三浪津站的时候,上来三个青年人,坐到我的对面位置上。为了打发时间,我们几个人在火车上开始聊天。刚开始我只回答他们的提问,后来他们问我是不是归国同胞。我回答他们说自己是归国同胞。他们假装跟我套近乎,递给我一支阿里郎香烟。我跟他们说声谢谢以后,也递给他们从日本寄来的香烟。可我吸着那根烟,不知不觉中睡着了。过一会儿醒来一看,我的包裹不翼而飞。原来他们往那烟里添加了安眠药。你看,这种人给韩国人的脸上抹黑。"

我家的人听到他的话,也都表示同情。我就答应他说要帮他。

"那么,你先住我家吧。我家并不算富裕,但几个人糊口没问题……"

"大哥,太谢谢你了。不过,我就在这儿待几天。我给日本写信,他们会马上给我寄来东西。大哥、大嫂,如果你们有什么需要的东西,尽管开口跟我说一下,好让我在写信的时候加上去。"

他这么一讲,我们对他也产生了一定的好感。晚上热情地款待他,还特意给他做了咖喱饭。吃完饭,他待到很晚说自己有宿舍住,要回去睡觉,便出门而去。

第二天,他给日本写了封信,我看信的内容,那些物品确实能值不少钱。写完信，他跟我说：

"大哥，那些物品最晚半个月以后能拿到手里。不，还得考虑他们准备物品的时间，那么大概需要20天。我一拿到那些物品，再也不打算挥霍，我马上卖掉以后，把钱交给大哥，由大哥来保管。然后，大哥用那些钱随便做什么生意都行。我只有一个请求，那就是从现在起到我回日本的那天，让我在你家里能吃上饭，另外给点零花钱就行。"

当然，这对正处在困境当中的我们来说，确实带来了不小的希望和幻想。就这样，他开始来往于我家和文主任家之间，待了10多天。可我从他的举止行为中发现他身上有不少疑点，便开始关注他的一举一动。我非常好奇，除了待在文主任家和我家的时间之外，他都去哪里，做什么事？于是那天早上他走出我家门，我就悄悄地跟踪他。过一会儿，我发现他走进站前的第一茶吧里。我马上跟进那个茶吧，幸好茶吧内灯光灰暗，如果想要马上看清一个人绝非易事。我找到一个偏僻的角落坐下来，低着头观察周围的情况。这时候，突然五六个青年走过来跟他说：

"喂，来喝杯咖啡吧。"

他跟其中一个人说：

"臭小子！你昨天为什么耍我？"

我听他的说话声音，让我着实吓了一跳。他有这么多朋友，没有理由依赖我和文主任，今天才发现，他原来是穿梭于茶吧等娱乐场所的流氓或者是骗子。我马上走出茶吧给文主任打电话，告诉他我所了解的情况。

"知道啦。我也觉得他很奇怪，昨天，我就让警察查一查他的底细。现在可好啦。待会儿我把他叫到所里好好问问他。"

过一会儿,他慌慌张张地出现在我家。我正好理发,他走过来,急急忙忙地跟我说:

"大哥,我借你的自行车用一下。我约了一个朋友,要出去一趟,我得去干洗店里取我的衣服。"

"你等我一会儿。车钥匙在家里我的裤兜里。我快剪完了,洗一下头就行。"

我根本不打算把自行车借给他,他看到我的脸色以后紧跟着说:

"知道了,那你赶快过来吧,我在屋里等你。"

他赶快跑到屋子里,跟妻子说:

"我跟大哥说好了,借用他的自行车。他说车钥匙放在裤兜里,叫我快去快回。"

他骑上自行车立刻消失得无影无踪。之前文主任给第一茶吧打电话找他,要他到派出所来一趟。文主任安排的警察有可能在茶吧里已经调查他的情况。种种迹象表明,他觉得自己陷入了困境,而且是致命的,便急匆匆地逃到我家借自行车逃跑。

我看无论如何不能继续待在大田。我找文主任和李警监商量以后,做出决定,自己要另寻其他出路。

我打算走遍全国各地找一条出路。当我拉着5岁的勋儿的手走出家门的时候,我几乎花光了全部财产,手里只剩下2万元(当时一袋米的价钱为1万元)。

我拿着其中的1万元去了釜山。我在釜山到处转悠,也没找到合适的地方。于是我又想转一转京畿道,便先来到水原。然后从水原出发,开始漫长的旅程,途经利川、光州、骊州去坡州。那天很晚的时候我到了坡州。

金村是坡州郡政府所在地，是比较繁华的一个城市。我在市里转了一圈，在十字路口的一家布店（李龙川商店）门前来回走动，犹豫不决。最后，下决心进去跟布店老板简短地介绍自己并讲明来意。老板是小个子，长得不难看，亲切地给我介绍说：

"金村的市场里有一家印刷所，火车站旁边也有一家复印店，他们都忙得不可开交。哦，等一下，你得先找一间店铺。你跟我来吧。"

说完，他带我去金村小学后门，把我介绍给一位房屋中介所的老板。

"你好！我叫玄永万。你远道而来，太辛苦了。开印刷所需要宽敞一些的店铺吧。在金村做生意，并不太难，肯定能赚钱的。"

"等一下，我不需要很大的店铺，只要有一个或两个房间的店铺就行，而且在街道边的。"

"哦，你要一个半大的店铺？好，有一个店铺我看很适合你。走，跟我去看一下。"

我跟玄某一起去郡政府前大街上的一个店铺，我仔细看了房子，让我非常满意。玄某进屋跟主人进行了一番讨价还价。主人说出自己的条件，他要收 1 万元押金和 3000 元月租金。我能接受这个条件，就当场给主人 2000 元订金。然后，我乘坐晚间的火车，离开金村回到大田。自从我离家出走后，刚好过了一个星期。

当天，我们准备好行囊，离开大田向金村出发。

四转五起

金村印刷所

到了晚上，我们才到达金村。到达目的地以后，我才想起来自己还要解决很多问题。

当初我离开家去釜山的时候，给家里留了1万元钱。除去10多天的生活费和搬家费用，还剩5000多元。

交店铺押金还差3000元，加上还需要购买材料、设施、招牌，等等，需要一大笔资金。但是我不顾一切，硬着头皮先置办内部设施，加紧开业准备。印刷所一开张，让我乐开了花。

订单接连不断地送来，实在让人无法应付。当时，那个地方的印刷业比较落后，张嘴就一个价，晚上在家数钱。2月份开业，当月的纯收入就达到10万元。这数目相当于当年一个公务员工资的10倍，一个月能买十几袋大米，收入相当可观。当时才过两三天，就缴齐了店铺押金。

3月份收入达到15万元。也难怪，从金村十字路口到郡政府的一条大街沿边没有从事同业的商家。这等于我一个人在做垄断经营。显眼的招牌和华丽的店铺门面，再加上一天几万名流动人口，和当年连一个刻章生意都没有的三星洞相比，有天壤之别，令人感叹不已。

自从来到金村，过了两个月，我攒了足够的本钱以后，才深深地喘了一大口气。可是这种让人充满希望和感动的日子,也没能延续多长时间。随着"4·19"学生运动的爆发,大量腐败公务员从政府机关被开除,郡政府一条街上出现了大量的印刷所和刻章店。一个叫尹南中的前任警察也踏入印刷业,依靠自己过去当警察时期的人际关系网,频频出入于郡政府机关,在业内采取了独裁方式。金村的印刷界内的同行们同时遭受价格锐减的局面而苦苦支撑。

从此以后,经济不景气的局面一直持续下去,但我用先前攒下的钱,花4万元买了一个温馨的小房子,添置了石版机器和名片机。

我在金村居住以后,接到了足够的订单,家里能过较充足的生活。可是大约过了半年,从不远处的派出所传来消息,要我去一趟派出所。我没想多少就去了派出所。我见到一个面熟的巡警接待我,他非常亲切地跟我说:

"不好意思,请坐。"

"没有什么大事,我们只想了解一下情况。"

然后,问我的籍贯、姓名、年龄等个人情况。我马上知道他这是在做身份调查,当然这是警察分内的事,可我总觉得心里不踏实。

我总担心自己的身份问题。回首一看,歼灭月出山游击队时,我对大韩民国充分表达过我的忠心;在人民共产党统治期间,遇到不可抗力的事,我为了糊口而为他们做过事;到现在他们想对我展开身份调查,这确实是令人啼笑皆非的事。

我毫无犹豫地配合他的调查。

按当时的心情,我都想找朴汉相人权拥护委员长喊冤,说这个软弱的国家害我度过了一段苦难的、奇怪的人生，可是考虑到自己现在暂时没受到什么危险，也没有异常情况，就忍了下来。

我开业初期的商号是"金村印刷所"。当时我一方面考虑为了学习相关技术，从大田带来一位石版技术员。资金问题得以解决以后，我从首尔买来一台石版机器，开始做石版印刷业。但月底的核算结果不能让人满意，依靠那台机器难以赚回技术员的工资和餐费。而且相对于收入问题，那个姓金的技术员很让人头痛。他没和我打招呼就随便穿我新买来的外套，坐在炉子旁边烤火，烫坏了那件外套。用手挥拍放在桌子上面的墨水，溅了我一身，把雪白的毛葛韩服弄得一团糟。而且他做完这种事，还说有人在他身旁推了他一下，被勋儿的吵闹声受到影响，自己走了神，等等，总能找到借口。

他只有石版技术，用石版业务赚来的收入只能给他微薄的工资，他就干了一个月的活儿又回了大田。可是我在这个月里，有幸完全学会了石版、胶印版等印刷技术。石版的印刷速度太慢，随着新的胶印版的出现，人们逐渐地不再使用这种技术，我过一段时间后，卖掉了那台机器。

在金村住了两年多的时候，长子勋儿开始上金村小学念书。

我认为勋儿的学习成绩不会太差，但还是默默地祈祷他能进入优等生行列。第一个学期过去，我看到他的成绩单让我大吃一惊。总共80名同学中，他仅仅排在第40名以内，让我大失所望。

这段日子里，我确实也没关心过他的学习情况，我就考考他的水平。果然不出所料，他学了一个学期，连一个韵尾都写不好。

勋儿长这么大，从来没有被我打过。我无情的双手开始对他使用暴力，我用竹条打他，打得竹条都折断了。然后，我开始耐心地教他背拼字的方法，并要求他背一个晚上。快要过半夜的时候，才完全学会拼字法。不知是不是因为那天我打得太凶，还是他自己在拼字法的背诵过程中，对学习产生了兴趣，反正勋儿开始认真学习。不久，学习成绩明显好转，他在班里的学习成绩从第30名上升到第20名，又从第20名逐渐地分别上升到第10名、第3名、第2名。这让我喜出望外。到了第二个学期末，勋儿终于在班里取得了第一名。一个晚上的挨打，给勋儿带来了可喜的进步。

上二年级的时候，勋儿继续保持第一名。当时，他们班的咸富甲班主任还指名勋儿参加整个坡州地区的作文比赛。那次比赛来自全郡40多所学校的在班里不是当班长就是当副班长的学生，一共约100名学生参加作文比赛。没想到，勋儿获得了一等奖。后来，勋儿还参加全道区作文比赛，也获得了奖项。而且，他又参加在首尔举办的国际作文大赛，参赛的小学生来自20多个国家，最终勋儿也没让我失望，取得了优秀奖。并且，参加各地举办的各种作文比赛均取得了奖项。这一切，让我对儿子勋儿充满了信心，并期待将来能成为一个优秀的文学家。

还有，学校发行了勋儿的优秀作文集两册，使得勋儿在学校的人气达到了顶峰。不久，勋儿迎来初中考试。当时在地方上学的学生们都不敢报考所谓的重点初中，但在我执著地要求下，经过老师的帮忙，勋儿终于能报考龙山重点初中。可是，当时班主任的意思是让勋儿报考培才初中学校。理由是，勋儿作为金村小学的第一名，万一不能考上龙山学校，有可能给他沉重的打击，而且从此会给勋儿的前途蒙上一层阴影。金村小学里偶尔也有学生，尤其是学校的第一名报考过龙山学校，但自从金村学校创建35年以来，没有一个人考上龙山学校。于是，大家都极力反对让勋儿报考龙山初中学校。

考试日期来临，连续三天我和勋儿一起去考场。从全国各地云集过来2700多名学生，而学校只招收480名新生，竞争率高达6∶1。每个学生都是在各自的学校里数一数二的尖子生。我不免后悔自己当初过分贪心的决定。可是在这次如地狱般艰难的升学考试中，勋儿轻松通过，以第68名的成绩考上了龙山初中学校。可是到龙山学校念书以后，勋儿没有持续保持良好的学习成绩。考上重点学校后产生的优越感和怠慢拖住了勋儿上进的动力。

不过还好，勋儿从小学开始一直保持的作文实力，还是得到了不断的提升。从龙山学校到高中毕业，勋儿专攻文学知识，用自己高水平的写作实力，给学校的文艺刊物的诗篇等栏目增添了不少光彩，期间他还得到过著名诗人徐正洙先生的喜爱，还担任过首尔"西友文学会"第十二届会长，组办了两次诗画展。"西友文学会"会员中包括京畿、首尔、庆北、龙山、梨花、京畿女高、首都、淑明、无鹤等被统称的重点高中的文学爱好者，他们经常组织各类和文学相关的活动。

勋儿积极参加这类活动，收获颇丰，也广交了学生朋友，但是因为参加过多的文学活动，使他的正常学业受到了不小的影响。最终勋儿未能考上大学。

从高中毕业一直到服兵役之前，勋儿在一所简易学校当老师。他心中虽怀有远大目标，自己也付出了一定的努力，但都未能取得成功，最终过了平凡的生活。我觉得，他对文学方面的投入几近疯狂,从而影响他拓展其他现实社会领域的知识。直到 1976 年 5 月 31 日开始参加服兵役以后,勋儿逐渐地有所领悟。

我家的宝贝女儿仙儿也上了金村小学,比勋儿低四个年级。她聪明伶俐,在小学 6 年间,学习成绩在班里一直位居第一名。仙儿的口才、相貌、为人处事样样优秀,给人以前途无量的感觉,但是因为我的事业遇到麻烦,受到沉重的打击而未能让她继续念书。仙儿依靠自己平时付出的努力和优秀的临场应变能力,参加国内有名的大型企业的美容职员招聘大会。她依靠自身出众的容貌和实力,从 5000 名应聘者中脱颖而出,在 70 名新职员中占居一席之地。还有,小儿子钉儿也在金村小学念书,比仙儿低四个年级。他也在学校念书的六年内,学习成绩一直是第一名。仙儿的学业无奈地被中断的时候,他小学毕业。原本打算放弃继续念书,或者再让他多上一年。但是,妻子却很固执,反对我的意见,让他到离金村有 20 里路的汶山洞初中念书,而且是晚班学生。

钉儿从 6 岁开始练跆拳道,小学快毕业的时候,获得了中央二段级别。可是,是因为过小的时候开始习武的原因,身体发育不太好,不仅在小学,而且到初中,在全校学生中个子最矮。

开学的那天,我参加他的入学仪式。他上的洞初中学校和哥哥上的学校比起来太寒酸了,而且是晚班部。但是那一天,全校学生的行进队伍中,他排在最后,高高兴兴地一边挥手,一边跟着队伍走。他很快发现了站在操场一个角落里的我,高兴得合不拢嘴。我看到他那可爱的样子,突然眼圈一红,不顾旁人抹了抹自己禁不住流下的滚烫的眼泪。

小儿子钉儿的爱好很多,对足球、乒乓球、象棋、马拉松、乐器等文体活动都感兴趣，而且样样都很投入。更可贵的是，参加那么多活动，学习成绩还保持第一名。

勋儿上龙山高中二年级，仙儿入学坡州女子初中，钉儿上金村小学三年级的时候，我有房、有店铺，经济上也宽裕，还算过滋润的生活。金村小学约2500名学生当中，三兄妹的学习成绩都取得了第一名，所以大家都说，在我们家里母亲对孩子们教育很到位。妻子的地位和人气达到顶峰，金村人无人不知晓她。这样以来，包括当地妇女在内，她交了很多朋友。

那时候，店铺位于有金村明洞之称的十字路口，收入也不错，生活上没有遇到什么困难，过着比较幸福的生活。可是，店铺的合约期一到，房东不再和我续约，要求我们腾出来，所以过分自信自己的技术实力，在较偏僻的地方找到了店铺。店铺的位置太差，经营很快遇到了滑坡，但经济上较宽裕，加上长时间从事印刷业，难免产生了倦怠感，我就再也没有用心经营。

有一天，在釜山等地辗转的姐姐来找我。姐姐曾经在花轮线工地受过重伤，断了一根腿骨，并留下病根。现在，已得到医生的诊断，说患了癌症，不做截肢手术，就有生命危险。姐姐住进塞弗伦斯医院，住院长达6个月，截断大腿接了假肢，我和文才承担了医疗费用。从这时候开始，我做每一件事都不顺利。从仁川等地买来虾酱出售的生意遭到失败。

这次失败是最后一次失败，也就是说在我的一生中一共有过四次好机会：在松丁里当文官，在咸阳第一次攒钱，在金浦的生意兴隆，坡州打牢基础。之所以取这一章节题目为四转五起，就是因为编写自传写到这一刻的时候，希望最后的风波平静下来，自己能再次崛起。即为了五起而做一步一步的准备。

在这段日子里，我遭受失败的经历中还漏掉一件事。一个叫金熙石的人，跟我相处甚密，像对待亲哥哥一样跟随我。他的弟弟叫末钟，他给我介绍一位叫李成源的人，他住在义政府的佳陵洞。他开发了人造皮革材料。有一天，他来找我说，如果我能给他介绍一个资本家，就给我5%的功劳股。于是，我为这事东奔西走了将近一年，期间花掉了包括交通费在内的不少经费，最后没有成功。原因是，问题不在于开发产品本身，而在于投资股过高的经营率。也就是投资和纯技术的合作完全不可能实现。为了物色该人造皮革的投资股，我花掉过多的经费。这直接成为我出售房屋的导火索。

整理心

经过这次失败，我自甘堕落，自暴自弃。接着卖掉房子，开始住进出租房子里，这时我已经丧失了一切生活欲望。

当时我快 50 岁，开始到村里的老年人活动室里玩。老年人活动室里聚集了 60 岁以上的老人，他们在那里玩几分钱的画图牌，或者打麻将消磨时光。我手里没钱，连这些小赌博都玩不起，每天过去在旁边看他们打牌。太阳一下山，我就悄悄地回到家，生怕被房东看出我的行踪，轻手轻脚地躲到房间里去。

有一天，我去消防所里封闭的值班室打麻将。屋里摆了三张桌子，我一连三天打麻将。房间里烟雾弥漫，第三天我咳嗽得厉害。第二天就到医院拍片子，诊断结果我患的是气管炎。

从那天起，我一直不停地咳嗽，主要服用西药，但是没有疗效，最终成为终身疾病。医生和医药师跟我讲，除非花昂贵的医疗费做手术以外，没有挽救的可能。我也担心自己最后患上哮喘后痛苦地死去。有一次，我服用了某医药公司生产的盐酸麻黄素，连续服用两个月后，我的气管炎奇迹般的完全得到治愈。那个药一个月的开销相当于其他药一天的服用量，看来这药非常适合我的身体条件。反正，我觉得自己很幸运。

身体完全得到康复，我跟房东借了 5 万元，和妹妹顺任和弟弟文才分别借来5万元、7万元，重操旧业，开始投身到印刷业。

我对印刷业早就厌烦不已，但一想到这也是一种职业，就突然对印刷业产生了莫名其妙的感觉。每个月平均十几万元的收入足够维持家里的生计，首先能让自己从失业者群体中脱身而出，开始享受一个上班族的乐趣。

可是步入50岁这个人生黄昏年龄段，心理上也发生了微妙的变化，开始陷入乡愁之中，思念起自己的故乡来。那里才是我人生的终点站。

1976年5月，姑姑从光州来我家，给我提出要做先山缅礼。让我到祖宗的坟墓烧烧香，拜拜祖先。

以前我也想过这事，而现在80多岁高龄的姑姑成为唯一的证人和我的后盾，所以我跟弟弟和妹妹们经过商量，要无条件把这事办妥。6月1日，我们去了故乡。几乎全体亲戚参加了这次的缅礼活动。

自从我开始工作以后，过了几十年，我才组办了父亲曾计划过的这次缅礼，我也才知道祖先们都安息在夔严郡西湖面梅月里前面1.5万平方米的山上。那里以叔父的名义登记在册。

为参加这次缅礼仪式，我过了30年以后才重新来到坪里。坪里完全变了样，一点找不到昔日的面貌。在那里，我只见到包括金泰玄兄弟在内的四五位朋友，其他熟人都成了故人。

在坪里住了一夜，第二天为了搬墓，我们去挖安葬在月出山山口的奶奶和二爷爷的墓。将近30年以后两位老人见了阳光，两位老人的遗骨都成黄骨，但仍保持原样，而60年前安葬的爷爷的遗骨只剩下一颗牙齿和部分下颚骨。

在祖先的山上，我们合葬了曾祖母和高祖母以及祖父的一对夫妇，最后也合葬了二祖父夫妇和我的父母。

我们整齐地安葬好祖先的墓地，坐向为庚入首庚坐甲向巽得乾破。

人们都不愿意谈论和自己的生活有密切关联的一些往事。在"四转五起"中因为特殊原因没有收录一部分内容，但是那些事实自己觉得也没必要流传给后代，而且我永远应该守住秘密，所以一旦把它们排除去以后，才发现作品成为没有乐趣的记录文，但这也是纯属本人的无奈之举。

附录

回忆我的父亲，思乡

关于姓名和号的故事

我的名字叫做"钉",哥哥的名字叫做"勋",姐姐的名字叫做"仙"。

三兄妹都是单名。考虑到我父亲在家里排行老大,这确实是一件破格的大事。

《焘峰逸志》的最后有整理好的家谱,从家谱中能看到从上到下,好几代人的姓名中从未有单名的祖先。而父亲却给我们几个孩子起了单名,我想父亲并不是因为不了解家谱,才给我们起了单名。

父亲那一辈的行列字的尾字是"在"字,叔叔家的6兄妹则用"锡"字。那父亲为什么给孩子们起名时不用辈分用字了呢?

后来我才知道,父亲认为只要有了特殊的姓名,才能被别人容易记住,别人也好叫你。这样,才能成为一个大人物。这完全是父亲特有的起名方法。

也可能是这个原因,我们三兄妹在青少年时期特别出名,各自年龄相仿的朋友甚至大几岁的前辈们常常念叨我们。

父亲为了实现家庭内部的民主主义,从父亲和母亲的姓名中各取一个字给我起了名。最近,某妇女团体发起了孩子要跟母姓的运动,或者都取父母双亲的姓氏的运动。考虑到这些事情,父亲是在当代人中较早开明的人（当然我的名字"钉"跟母亲的郑姓不一样。父亲跟我说，当时盖建筑物时都需要使用钉子，钉子虽小，但父亲希望我能成为所有人都依赖的人，因此父亲给我起了这个名字）。

既然提到人名，不妨再讲一个故事。

那是父亲给我起雅号时发生的故事。

当时我觉得自己能拥有一个雅号，确实感觉不错，就求父亲给我起一个雅号。父亲冥思苦想几天后，就给我起了"龙泉"的雅号。

后来，大家都拿我寻开心，"水沟出龙"，但是父亲的号是"焄峰"，意思即香气逼人的山峰。于是，给我起"泉"字，希望我能成为干旱中永不干枯的泉水。

综上所述，说我的父亲是一位个性十足的人，特别尊重妇女，也是一个利他主义者，这是否评价过高了呢？

第一封信

是不是因为开办印刷所的原因呢?

我上小学的时候,每次临近我的生日,父亲都要写20多张请帖,叫我去发给我的小朋友们。不过,总给我附加一个条件,就是让我一定要发给其他班级的班长和副班长。

当时,我也隐隐约约地猜到了父亲的用意,父亲也许在教我广交朋友的重要性。

一直到现在,过了20多年,每每遇到当时结识的朋友聊天的时候,他们都提到我过生日时自己收到的请帖。当时他们都以为只有大人们才能收请帖,没想到我过生日的那天自己也收到了请帖,这让他们既高兴,又觉得很有意思。

在那么贫穷又饥饿的年代里,村里的小孩们当时尝到的咖哩饼、猪排、炸肉饼等食物,和现在的孩子们喜欢吃的比萨饼之类食物的味道相比,简直天壤之别,美味无比。

当然,每次都由母亲来准备所有食物,而幕后总指挥却是我父亲。

父亲对我们如此慈祥,但和当年的老一代人一样,对孩子们的要求也很严格。

上初中的时候,我在故乡坡州开始打乒乓球。后来以乒乓球特招生的身份，考上了仁川的一所高中。当时，父亲并没有反对我的决定，也不关心我。可是我上二年级的时候，跟父亲一提自己不打算继续打球的事，他马上给我写了一封信。

我看了那封信，父亲首先省略掉一切写信规格，信里只有对我的语言、生活方面的批评和指责。

母亲也许是因为在日本出生（并非日本人），韩语口语的发音并不准确，哥哥和我受母亲的影响，说话时吐字不太清晰，而且有一个不好的习惯，就是说话时总是吞吞吐吐，不利索。父亲在信上，严厉地批评了我的这些缺点。

"你若不早点改正这些习惯，将来踏入社会以后会遇到很大麻烦的。"

而且，在信上还给我提供了具体的练习方法。

这辈子我头一次收到父亲写给我的信，但没想到信中全是这些内容……

学习和麻雀

父亲是一位很讲原则的人。

也许在别人的眼里,这些原则看似可笑,又不太合理。

其中很有特点的是,关于出入子女上学的学校校门,他坚持自己严格的原则。入学仪式、毕业仪式,学校偶尔叫学生家长,和老师一起讨论关于子女的事,他一概拒绝参加。因此,我家里有学校背景的照片上,有和母亲合影的照片,但没有一张和父亲合影的照片。

父亲始终坚持这条原则,可是仅仅一次,他打破这种原则,参加过一次我的入学仪式。

我家虽不是很富裕的家,但我小时候在家里吃饭,不差什么东西。

可是也许是因为父亲的经营水平有所欠缺,还是周边环境条件不太好,父亲做什么生意都遭到失败,最终面临开始担心饮食问题的地步。

我和姐姐都该上初中和高中了,但家里并没有这个条件。所以,我跟父亲请求,我放弃上初中的念头,但有一个条件,就是一定要让姐姐继续上高中念书。

不幸中万幸,我从班主任那里听到一个消息。我家旁边的村子里有一所初中学校,那所学校安排了夜间课程,专门选拔招收在坡州市区的小学毕业生中成绩优秀的学生,而且会免收学费,另外还发放奖学金。

当然,我可以继续上那所学校念书,但重要的是开学的那天父亲来参加我的初中入学仪式。

震撼!

也许父亲觉得自己亏对我。

父亲时常叨念自己所坚持的原则,并一直遵守这个原则,却面对自己对子女的爱,一举扔掉了这一原则性。

就对我个人而言,父亲能参加我的开学典礼是一件大事。

在校门外老远的地方,看到自己年幼的小儿子高高兴兴地跟自己挥手,父亲也面带微笑朝我挥手的情景,让我难以忘怀。到今天一想,当时在家里条件那么困难的情况下,父亲见到孩子因能上学而那么高兴的样子,也许心都碎了。

可是,我历尽千辛万苦,考上一般人难以考入的首尔大学的时候,父亲却没有出现在我的面前。

那时候,我在准备考研究生。我待在家里,做短暂的复习。父亲看到我面前摆放着许多厚厚的书,非常自豪,不停地回头看我。一会儿认真地看我书里面的图片,把自己的知识动员起来,向我提出关于微生物、生物化学方面的问题。

其实,我忙于复习,也烦他啰嗦,就随便回答父亲的提问,搪塞他。父亲马上跟我说:

"你上初中的时候个子最矮,现在长大了,翅膀硬啦!"

我家里有几棵枣树,那天树上飞来特别多的麻雀。父亲又突然说:

"今天我得弄一把鸟枪,给小儿子补补身体。"

在那一刻,我马上热泪盈眶。

父亲好像是在不假思索地跟我讲一两句,但我觉得每一句话里渗透着慈祥的父爱。

那一次,我对父亲的提问随便糊弄几句的事,总是在心中挥之不去。

后悔自己未能给父亲送终

　　自从我开始懂事以后，在我的眼里，无论如何父亲是一位花花公子。

　　父亲当作趣味生活来玩台球和麻将，他的水平在附近这一带最高。

　　台球能打500分。玩麻将赌博，几乎创造不败纪录。

　　为此，我以帮母亲跑腿为借口，经常去叫父亲，所以我小小年纪可以出入台球厅和麻将馆，畅通无阻。

　　不过，大部分情况下，我没有完成母亲给我的任务，总因父亲的一句"再玩一次就走"的话上当，最后悄悄地坐在父亲的旁边，偷学不太听得明白的麻将术语，有时在台球桌边当一名计分员，帮他们计分。有时一待就是好几个小时，我就在那里睡着了，经常由父亲背我回家。

　　有时候，父亲为了去享受"趣味生活"，经常让我帮他看印刷所，而极富"孝心"的我，为了帮父亲享受趣味生活，就连续几个小时乖乖地坐在工厂里。

　　一度沉迷于趣味生活的父亲，突然有一天跟我们讲，他要为我们做点有意义的事。他要做的事就是写自传，还有屏风上用金盆写波罗蜜多心经，留给父亲的兄妹和孩子们。

如同高僧们能预知自己的命运一样，父亲突然有一天着手干活。果然不出所料，父亲的健康一天不如一天。

父亲出入台球厅和麻将馆的时候，抽烟很凶，因此身体很差，现在又为了写自传，经常熬夜……

父亲也许患上哮喘，我总能听到他咳嗽声。

正是那一天。

为了上学，我正要起床的时候，感觉到父亲格外温暖的手在抚摸我的脸。我眯着眼睛看父亲，他躺在被窝里摸我的脸，眼里噙满了泪水。

后来母亲跟我说，那天父亲去了一趟一家祈祷院，而父亲以前从未去过那种地方，也对那种事不感兴趣。

晚上，我回到家，刚要踏进家门的时候，从屋里传来母亲哭泣的声音。

我瞬间担心的事变成了事实，父亲去世了，享年61岁。

那天他为什么长时间抚摸我的脸，而且父亲平时和宗教格格不入，他为什么去了祈祷院，到那儿他又祈祷了些什么？父亲给我们留下了许多谜团。

父亲打台球、打麻将的时候，我时常待在他身旁，而临终的那一刻，我却未能给老人家送终……

美丽的人

暮色霭霭的空旷田野，从远处的教堂传来晚钟敲响的声音，辛勤劳动一天的一对农民夫妇停下手中的活儿，正虔诚地祈祷，这是非常美丽的画面。米勒的这幅画作《晚钟》非常有名。

我想，在这个世界上最美的人是，认真做自己分内的事的人。

英语里有一个单词，"position"。词典上的释义中都有："1. 位置，场所；2. 立场，处境，状态；3. 恰当位置，正确位置；4. 地位，身份；5. 职位，职务；6. 姿态，姿势，态度；7. 心态，意见；8. 局势，局面，状况；9. 和声的排列位置；10. 阵地，有利地点；11.（逻辑）命题（vt）- 存放在适当位置"，等等，有很多解释。

其位置和立场相互协调时成为具有"构造，作文，配合，和解，妥协"等意思的"composition"。

参加棒球或足球等体育比赛的队员，如果不能完成自己负责的位置任务，就会在比赛中败北。

即使你是多么优秀的后卫，只顾进球，不完成防守任务，会出现怎样的局面？而且，前锋队员到球门前，紧张、犹豫不决，将会出现怎样的情况？在棒球比赛中，外野手为了抓住飞到栅栏附近的球，拼尽全力跑过去，并撞在栅栏受伤的时候，观众们会热烈为他鼓掌。而且，像猎鹰扑过去抓飞鸟一样，他抓住难度极大的球时，观众们将起立为他鼓掌。

1998年的法国世界杯，韩国队对阵欧洲强队比利时队的时候，有一个队员头上绑着绷带比赛，坚持到最后，给我们留下深刻的印象。鲜血染红了他头上的绷带，他依旧奋不顾身地用头顶球，所有的国人为他报以热烈的掌声。守住自己的位置全力以赴的样子，让人看起来非常美丽、非常帅。在战场上最前沿站岗的士兵，如果不好好警戒，离开哨所，将会带来多大的不幸，这是显而易见的。农民不及时除草、不收割，那庄稼会变成什么样呢？老师们以教育为借口，只关心红包，我们的子孙和国家的将来，将会发生怎样的改变？国会议员不关心政治，只关注党利、党略，甚至贪图私利，那国民的命运将会发生怎样的改变？

有一位交警拒收酒后开车司机塞过来的巨额支票时，我们大家既高兴，又觉得心里踏实。

只要我们每个人守住自己的岗位，都认真完成自己所担负的任务，这个社会才能成为牢不可破的健康社会，将得到长足发展。

而且，为别人服务或者奉献自己利益的人才是最美的人。

我们不说释迦牟尼和耶稣是美丽的人，而像施韦策博士、南丁格尔、特丽沙修女一样的人才是真正美丽的人。最近，某电视台的一档节目"大家一起来赞美他"，给人们带来温馨而感动的时光。被赞美的人都具有共同的特点，他们并非很富裕，并不权重、高高在上，和普通人一样，过着艰辛的生活。他们才是真正美丽的人们。

附录　回忆我的父亲，思乡　221

心地善良的人们，为自己腿脚方便而觉得惭愧的人们，不索求只想付出的人们，他们才是更美的人。

1998年，一场洪水席卷了我的故乡坡州。休息天，我急忙到那里，我眼前被破坏的故乡惨不忍睹。那时候，我在那里看到一群群美丽的人们，他们就是从凌晨到晚上一直忙于照顾灾民的志愿者。那时候，我看到了硕大的花朵处处盛开的景象。那确实是真实的、生动的一幅美景。

英语里有一个由29个字母组成的长长的单词，"floccinaucinihilipilification"。意思是"（对富贵等的）轻蔑"，"浮云般的世界"。朋友、身边的人、我的同胞过艰苦而贫穷的生活，只有我过着舒适而温饱的生活，我能说自己过的是真正幸福的生活吗？

坚守自己的岗位，充满职业精神，认真工作的人，这些人才是真真正正美丽的人。这些人的身上总会有阳光陪伴着他们，让他们过明亮而欢乐的生活。

尾声

水　柱
回忆我的父亲

1

有人说真理不是永恒的，真理会变的。可对我来说，有两条永远不变的真理。一个是，水总是往低处流，另一个是，父母对子女的爱是最崇高、最伟大的爱。每当我回忆我父亲的时候，加深我心中对自己的悔恨。

我的父亲在这个世界上，并不是很出名的人，但他是一位儒生，也是一位很浪漫的人。

父亲去世后，我翻阅了《焄峰逸志》，让我重新领悟到很多道理。父亲出生在日本统治年代，在日本成长，并接受高中教育。他的拼字法和语法达到相当的水平，写作能力和书法实力具有独特的风采。据我所知，父亲从快到50岁（我上高中）的时候开始写自传，一直到去世两三年前，完成了再次修改，后来添加结尾部分。

我上小学，掌握韩字以后，父亲给我整理100道常识问题，让我背。其中有，最高的山是喜马拉雅山，最长的江，最大的瀑布，最深的大海，最高的建筑和塔，世界四大宗教，圣人，文豪及其作品，等等，我背完这些题，他又给我整理了100道题。而且父亲用毛笔写郑梦周的诗篇和他母亲的诗篇，以及李芳远、成三问、郑澈的诗篇，轮流贴在壁橱门上，让我欣赏这些诗篇。

我非常小的时候（三四岁），父亲去旅行总带着我。包括济州岛在内，我记得，那时自己都去过巨济岛、丽水、春川、釜山、仁川、大田等地方。我不知道父亲的用意，但为做生意而去首尔时，带我一起，逛南大门市场、中央剧场、光华门、南山等地方的情形至今历历在目。也许父亲想让幼小的我开阔眼界。因此，长大以后，我梦想着自己能周游世界，最终还开办过一家旅行社。

父亲经常把我和弟弟叫过来，给我们讲故事、金言和成语。尤其到类似澡堂的地方，一定会给我们讲故事。那些事情给我们兄弟留下了很深刻的印迹。我家的家训是"少年易老学难成，一寸光阴不可轻"。

大概是小弟弟钉儿上小学的时候，他因没做完作业到外面去贪玩，被父亲狠狠地骂了一次。父亲把钉儿叫过来，跟他讲道理：

"从今以后，你一定要认真地做完作业，我就跟你不强求其他东西。我再重复一次，今天的事一定要今天完成。"

从那以后，弟弟按父亲的话来严格要求自己，后来始终保持优秀的学习成绩。

有人说，多才的人在生意场上不能取得成功。父亲在很多方面都具备了相当的才能。弹吉他，演奏手风琴，非常熟练，在日本上高中的时候练就了剑道。有一次，父亲在台球厅打台球赌钱和一群流氓发生矛盾，父亲用球杆狠狠地收拾了他们。而且，也喜欢绘画、象棋、麻将等娱乐活动，一度沉迷于这些爱好，甚至和母亲大吵大闹。后来还影响到生意和身体健康。

当时我们完全不能理解父亲的所作所为，甚至埋怨过他，但现在一想到那些事，就觉得父亲很可怜。我也常常后悔，为什么当时我没能让父亲悠闲地享受那些娱乐活动呢？

父亲尤其擅长书法和绘画。

父亲留给我们的画和用金粉写的"般若波罗蜜多心经"八幅屏风，给我们兄妹带来莫大的自豪感。我们也经常跟别人炫耀这些宝贝。

2

父亲经历了日帝统治年代和"6·25战争"时期。

于1987年卢泰愚发表"6·29宣言"的那一天去世。

父亲的一生中经历了几段极其不幸、悲惨的时光。

对父亲而言，月出山剿共时期，父亲在个人或家庭、社会层面上，经受了巨大的考验，而且经历了充满矛盾的生活。

当时我家被指认为资产阶级家庭，村里的年轻人都鄙视我家，而且被他们抓去，受到了侮辱。后来向警察扫荡队告密游击队成员，使得参加革命党的青年人被逮捕或者被杀害。这事在村里传遍后，父亲成了非叛徒的叛徒。

后来父亲难以承受心灵上折磨，离开了家乡。离乡背井30年间，只把乡思之情深藏在心里，独自承受心灵的折磨。

在小说和电视剧中，经常出现和这个情形类似的故事。

有一次，我给父亲讲，黄顺元的小说《背叛的夏天》中出现的人物"朴涌济"和侄子（主人公）"珲"的故事。父亲马上从我手里夺走书，反复看了好几遍。

我无法忘记那一刻父亲那深不可测，紫霞般的眼睛。

当我16岁的时候，父亲得了严重的肺结核。由此我的家境开始衰落。以前金村迅速发展后成了坡州新的行政中心地区，父亲经营的印刷所也蒸蒸日上。自从父亲患上肺结核以后，我们辛苦添置的房屋也没了，全家搬到出租房里住。据我了解，当时父亲正经历人生第二次最大的考验。

可是对父亲来说，最伤心的还是我对他的沉默和疏远。当时，我以自己深受青春期带来的孤独、忧愁、彷徨、反抗之苦为由，不和父亲做任何交流。我经常回避父亲，父亲也因此而焦虑不安，感到孤独。有一次，父亲求我说：

"勋儿，你能不能跟爸说说话。你有什么事儿，能不能跟爸讲一讲，我会帮你解决的。你不说话，我怎么知道到底发生了什么事？希望你赶紧打开心扉，说说话。"

当时，我为什么一味地要疏远父亲呢？当时父亲是不是在承受最痛苦的心灵折磨？

第三次考验是哮喘病。整天在自己身边转悠的孩子们（我去服兵役，又到外地上班。妹妹在首尔上班。钉儿在仁川自个儿住）。一个个离开。父亲难以忍受孤独，就开始沉迷于玩麻将。一上烟雾弥漫的麻将馆，就连续玩好几个小时，自己抽烟也相当凶。这样一来，父亲的气管穿孔，患上哮喘病，最终因严重的哮喘而去世。

俄罗斯文豪屠格涅夫的作品《父与子》里，通过两个家庭的父子之间存在的矛盾和思想方面的冲突，刻画了充满矛盾的社会。他们通过不停的谈话和交流，阐述彼此的主张，而我却没做到这一点。另外，主人公的父亲和阿尔卡狄的父亲尼古拉彼德罗夫都反对儿子们的意见，但他们又为了能包容子辈们的想法而倾注了多少心血？我的父亲也跟他们一样，为了扶持我，努力为我鼓足勇气。

3

　　在开头，我提到过关于流水和父爱的真理。
　　我认为无论是何种形态的水，都有自己的柱子。
　　我从瀑布、江河、大海、沼泽地，甚至是从天上下落的雨中，都能看到水柱。水柱能形成水路，能形成落差，也能形成波涛。父爱如同水柱一样，在我的心中激起人生的教训，有时悔恨自己，有时让我在缠绵的波纹中写出一首诗来。
　　父亲的自传里有人生的滚滚江河，有看不见的水柱，有被漩涡卷起来的叶片和小鱼，也有无奈和遗憾。这巨大的水柱流向我和弟弟妹妹以及子孙后代的心中，又将创造一根更大的柱子。
　　水已流走，但留下水柱。那水柱又鞭策我们创造新柱子，和骨头比起更浓密、更坚硬的话语、气息。我和弟弟经过商量，给世人面前展现明镜般的、净化的水柱。

　　阳光在水柱上面推动历史的进程，
　　月光在水柱上面创造静静的传说。
　　水柱像火焰般，

在强光下的干旱中，
在泥泞的洪水中，
永不熄灭，熊熊燃烧。

父亲的气息永远留在我们的心中，将成为永不干枯的泉水。

1999年2月
长子　朴勋